このオムライスに、付加価値をつけてください

編集者 柿内尚文

ポプラ社

このオムライスに、
付加価値を
つけてください

はじめに

ある高級な
レストランがありました。

そのレストランには、
伝説のシェフがつくる
シンプルな卵の料理がありました。

この卵の料理、
驚くほど高い値段でした。

あるとき客が、なぜこんなに高いのかと質問をしました。
すると、シェフはこう答えたそうです。
「ただの卵を最高の味に仕上げるために、私は30年間修業を続けています」

このエピソードは大切なことを教えてくれます。
それは、**「価値」とは何か？**ということです。

ここで出てきた驚くほど高い卵料理は、本当に高いのか？
そう質問されたときに考えるのは、価値についてです。

驚くほど高いけれど、それに見合う価値があるのか、高いだけでそれに見合う価値がないのか（ぼったくりなのか）、その判断基準になるのが、価値です。

30年間、どうしたらおいしくなるかを考え続け、その結果生まれた卵料理。

この料理をつくるのに使った時間は3分かもしれませんが、それは表面的なこと。実際は、30年と3分という時間をかけて生み出された料理です。

そこにあるのが価値です。

商品やサービスを買うときに、選択基準になるのが価値です。
また仕事では、価値を生み出そうと奮闘しています。
家庭でも、家族に喜んでもらいたいと思い料理をつくることは、家族に対する価値の提供です。

「私が生きている意味は何か？」
そんなことを考えたことがある人も多いと思いますが、これは「私の価値は何か？」ということです。

仕事でも、人生でも、実は、価値を考え、価値に影響されながら生きているのです。

でも、**価値って言葉は、ちょっととっつきにくい感じがします。**

横文字にして「バリュー」なんて言われると、もう遠い世界の話に聞こえてくるかもしれません。

そこで、この本では「価値」をもっと身近なこととしてとらえてもらいたいと思っています。

価値ってやつは、そんなに小難しいわけでもなく、もっと仲よくしたほうがいい存在だということを伝えたくて、この本を書きました。

まず、ここで伝えておきたいのが、「価値は3つある」ということです。

それは、既存価値、付加価値、不要価値です。

そして、この中で特に注目したいのが「付加価値」。

価値を考えるときに、付加価値とは何かを知ることが、結果、既存価値と不要価値を知ることにもなります。

【3つの価値】

既存価値
想定内の価値

付加価値
想定外の価値

不要価値
付加価値になっていないこと

詳しくは53ページに

付加価値を知ることは、仕事にも、人生にも、大いに役立ちます。何を優先すればいいか、何を目標にすればいいか、どんな行動をしたらいいかなど、人生や仕事の指針をつくることにもつながります。

それに、付加価値を生み出すことは、かなりおもしろいことでもあります（楽しいですよ！）。

たとえば、この本のタイトルは『このオムライスに、付加価値をつけてください』ですが、あなたならオムライスにどんな付加価値をつけますか？　その具体的な答えは42ページ以降で紹介します（この本のタイトルは「付加価値／つけて」と二重表現になっていますが、そのほうが伝わりやすいと思って、意識的にそうしています）。

一方で、付加価値のことがわからないままでいると、ムダなことをしてしまったり、迷いが生まれたり。

言ってみればナビがないまま知らない道を行くようなもので、不安ですよね。

この本では、モノやサービスの付加価値化の話をしていきますが、それだけではなく人の付加価値化についても書かせてもらっています。

付加価値化は、自分の強みを見つけることにもつながるからです。

「自分には価値がない（人より優れた点がない）」と、自分に自信が持てない人もいるかもしれませんが、付加価値化の方法を知っていれば、そんな不安も解消できるはずです。

付加価値とは何か、付加価値はどうつくればいいのか。考え方とつくり方を、一冊を通してみなさんに伝えていきます。テクノロジーなどを活用した大ごとの付加価値ではなく、ちょっとした工夫ですぐにトライできる小さな付加価値をたくさん紹介します。

この本で、仕事を人生を、新たな視点でとらえ直し、新しい一歩を踏み出すことができるよう願っています。

では、スタートです。

【ウォーミングアップ】
この問題を考えてみてください。

問題

ハワイでダウンジャケットを
売るには
どうしたらいいでしょうか？

答え（例）

1　ハワイ在住の人が、旅行や仕事で寒いエリアに行くとき用に売る

2　ハワイに来た旅行客用に売る

（答えはこの2つに限ったことではありません。この2つは答えの例です。）

ハワイの気温は寒いときでも20℃ほど。25℃〜30℃くらいの日が多く、冬物のコートやダウンジャケットなどは必要がない気候です。

でも、そんな**常夏のハワイでも実際にダウンジャケットが売られているる**そうです。

なぜ、ハワイでダウンジャケットを売っているのでしょうか？

考えられる理由はいくつかありますが、この2つも理由に含まれるのではないでしょうか。

①ハワイの人が、旅行や仕事で寒いエリアに行くときに購入する
②旅行客が購入する

もし①の理由であれば、ダウンジャケットの売り方は、寒い気候のエリアで売る場合とはちょっと異なります。

●寒い気候のエリアでダウンジャケットを売る場合

保温性がどのくらいあるか、着たときの軽さ、日々着るものであれば飽きない色のバリエーションなどをお客さんに伝えていく。

●ハワイでダウンジャケットを売る場合

目的は「寒いエリアへの旅行や仕事」です。であれば、**このダウンジャケットがいかに旅行や仕事に向いているかを伝えなければなりません。**

たとえば、小さくなるので鞄に入りやすい、軽いから持ち運びも苦じゃない(以前、僕はアメリカのシアトルからハワイに行ったことがあるのですが、かなりかさばるダウンジャケットを着て行ったため、ハワイでは邪魔になったのを覚えています)、旅行や仕事中に使いやすいようにポケットがたくさんついているなどです。

また、旅行に行くときに購入するダウンジャケットは、南国リゾートに行くときの水着と動機が似ています。普段とは違う派手な色、明るい色を着ることで、旅行中は非日常を楽しむなんてことも魅力になるかもしれません。
つまり、**ダウンジャケットを「非日常化」することが売りどころになるのです。**

②の理由の場合もお客さんへの伝え方は変わってきます。
旅行者に売るということは、「わざわざハワイで買いたくなる理由」をつくる必要があるからです。旅行者がハワイにある標高4200mの「マウナケア山」に登るとき用に売る。他には、レアなアイテムがある、値段がかなりお得などです。

同じダウンジャケットでも、目的や相手によって魅力の伝え方は変わるのです。

この目的や相手に合わせて考える魅力こそが、この本のテーマである付加価値です。
あらためて付加価値とは何なのかを第1章で紹介していきたいと思います。

第1章 付加価値とは何か

第2章 付加価値をどうつくるか？

第3章 自分の付加価値をつくる

第4章 付加価値をつくる考え方

第5章 付加価値をつくる技術

CONTENTS

第1章

付加価値とは何か

問題

ここに20段の
「階段」があります。
この階段を
上り下りすることに
「やりがい」を感じる階段に
変身させてください。

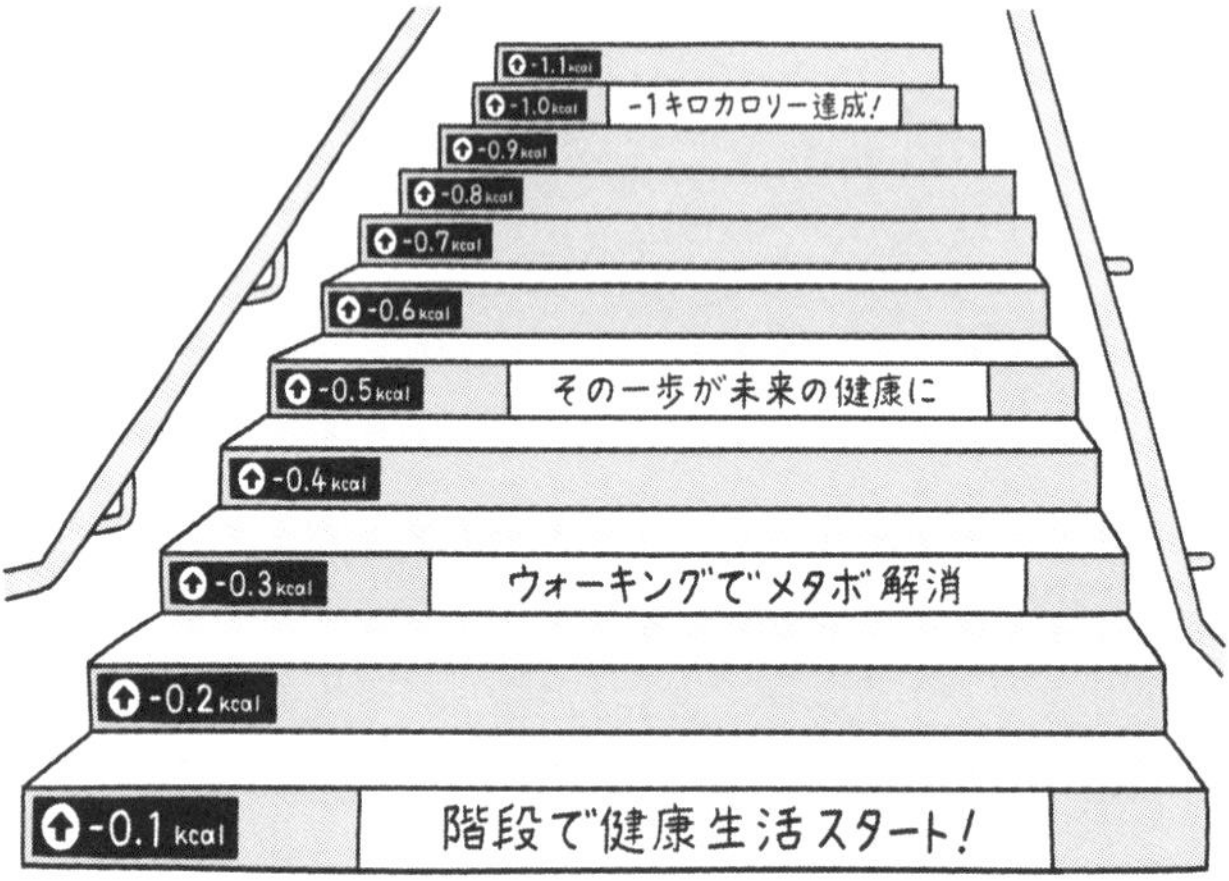

答え

階段を
1段上がることで
消費するカロリーを書く。
さらに、やる気が出る
メッセージを添える。

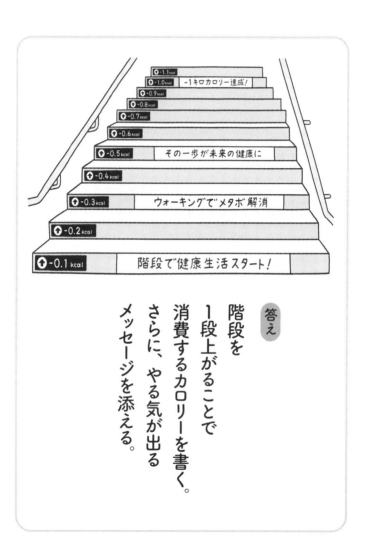

これはつまり、**階段に付加価値をつけてください**という問題です。「エスカレーターがあるなら、わざわざ階段なんか使わないよ」という大多数の人の心を動かすには、どうすればいいでしょう?

ある駅の階段には、右のイラストのような表記がありました。

階段の活用を促す表記です。

「階段を1段上ると、0・1キロカロリー消費するので、階段を使おう!」というメッセージが込められたものですが、階段を使う人からしたら無意識に階段をただ上るよりも、カロリーを消費していることを意識して上ったほうが、階段を上る価値を感じられます。

この「0・1キロカロリー消費します」という表記こそ、本書のテーマである付加価値です。

別にこの表記がなくても階段は成立しています。でも、この表記があることで階段の新しい価値を提供することができる。それが付加価値なのです。

階段を上り下りする通路としてだけでなく、運動器具としてとらえ直す（再定義化）ことで、付加価値が生まれました。

再定義化で付加価値を生む

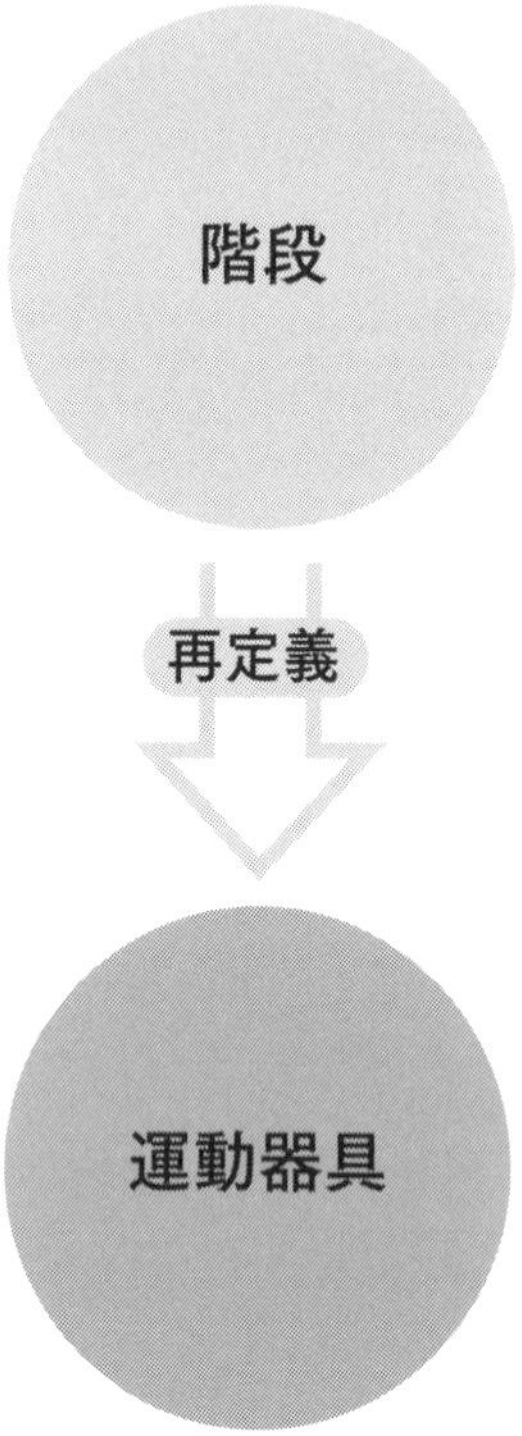

この「再定義化」はさまざまなシーンで活用できます。この後230ページなどで詳しく紹介します。

ここでもう1問、問題です。

問題

ある町に、小さなお肉屋さんがありました。
長年その町で愛され続けているお店でしたが、
最近は徐々にお客さんの数が減ってきています。
売っているお肉は、
店主がこだわって仕入れているおいしいお肉です。
なのに、お客さんの数は減っていく一方。

このお肉屋さんは なぜお客さんが 減っているのでしょうか？

答え
長年のやり方を変えず、同じように肉を売っているだけだったから。

この町は高齢化が進んでいました。以前はそのこだわりのおいしいお肉を求めて、地元客がちょくちょく訪れていたのですが、今ではすぐ近くのスーパーでもこだわりのおいしい肉が販売されています。わざわざ肉だけをお肉屋さんで買うのが面倒という人が多くなったようでした。

スーパーであれば配達もしてくれます。

おいしいだけでなく便利なスーパーを利用する人が増えた結果、お肉屋さんからは客足が遠ざかってしまったのです。

おいしい肉という価値は変わらず提供していたのですが、お客さんのニーズに合う価値を提供できていなかった。

つまり、**お客さんに「付加価値」を提供できていなかった**のです。

推しのグッズやブランド品を買わずにはいられない理由

一方で、長年人気を保っているお肉屋さんもあります。

そういうお店は、**お客さんのニーズに合わせて変化**をしています。

高齢化が進んでいる地域であれば、料理をするのが面倒になってきた人のためにお惣菜を増やすとか、さらには油っぽいものが苦手な人でも食べやすいお惣菜の品数も増やし、スタンプカードを配ってわざわざ足を運びたくなる理由をつくるなど、付加価値を提供しています。

付加価値があるものは人気になり、付加価値がないものは人気がなくなる。

そうなんです。人は実は商品やサービスを「付加価値」でも選んでいるのです。**付加価値を買っている**と言ってもいいくらいです。

「いやいや、自分はただその商品が欲しいから買っているだけで、付加価値があるかどうかなんて考えてないけど？」

そんな声も聞こえてくるかもしれません。

本当にそうでしょうか？

推しのアイドルやミュージシャンのライブに行ったら、グッズを購入したくなりませんか？　推しの名前が入ったタオルに、ライブTシャツに、アクリルスタンド……、欲しいものだらけで、あれもこれも購入。

このグッズは「付加価値の塊」です。

たとえば、タオル。もしそのタオルに推しの名前が入っていなかったとしたら……。

もともとのタオルの値段は、500円くらいかもしれません。でも、推しの名前が入ったデザインになるだけで、2800円でも買いたい！　となるのです。

●タオルそのものの価値は500円。

●推しの名前が入ったタオルの価値は2800円。

この2300円分は「付加価値」です。

「ブランド」も付加価値のひとつです。

ブランドのロゴが入るか入らないかで、もし同じものだったとしても値段が変わってきます。

ビジネスの世界ではブランディングが大切とよく言われますが、ブランディングとは、言ってみれば「付加価値をつくるアクション」なのです。

ブランディングというと難しそう、やり方がわからないという声を聞きますが、「付加価値づくり」と考えればハードルはグッと下がります。

人気がなくなってきたお肉屋さんは付加価値ではなく、既存の価値で商売をしています。

お得意様がついているなど、既存価値だけで商売がうまくいくケースもありますが、付加価値が足りずに苦戦している商売も多いのではないでしょうか。

「これまでうまくいっていたビジネスが最近うまくいかなくなった」

そんな話を聞くことがあります。

一方で「ビジネスが絶好調」という声を聞くこともよくあります。

この差はどこにあるのでしょうか？
うまくいっているビジネスは、なぜうまくいっているのでしょうか？

ここで、質問です。

・スティーブ・ジョブズ
・イーロン・マスク
・100年続く和菓子屋さん
・今も人気の青果店
すべてに共通していることは何でしょうか？

それは、「付加価値をつくり続けている（いた）こと」です。
うまくいっているビジネスと、うまくいっていないビジネスの差、それが「付加価値の有無」です。

これまで通りの価値を軸にしているビジネスの中には、苦戦を強いられているケースも多々あります。これまで通りの価値のことを僕は「**既存価値**」と呼んでいます。

一方で、上手に「付加価値」をつくることができているビジネスはうまくいっているケースが多々あります。

付加価値をつくれば、コモディティ化（一般化）されてしまったものの魅力を新たにつくり直すこともでき、**レッドオーシャンでの戦いをブルーオーシャンに移すこともできるかもしれません**。

今まで競合と戦いながら必死にお客さんに売り込んでいたビジネスモデルから、お客さんから「あなたとぜひ仕事がしたい」「御社の商品をどうしても購入したい」と引き合いがくる状態も目指せるかもしれません。

そんな力が、付加価値にはあるのです。

当たり前のものがすごい付加価値に！

付加価値が必要といっても、いやいや自分がやっている仕事には特に付加価値はないし、特に必要もない、という人もいるかもしれません。

でも実際には、付加価値は意外なところにもあるのです。

海外からの観光客に、日本のすごいところは何かを聞いたアンケートがあります。

出てきた回答はこんな感じです。

「電車が時間通りに来る」「自動販売機が多い」「公衆トイレが清潔でキレイ」「治安がよい」「どこのレストランもおいしい」……。

これ全部、日本人からすると「フツー」のものばかり。
でも外国の人から見たら珍しい光景なのです。

そして、それが日本のすごいところだと言っているのです。

「フツー」が実は付加価値でした

私たちが当たり前だと思っている「電車が時間通りに来る」ということだって付加価値になります。

こうやって見ていくと、付加価値はあちこちに発見できるのです。

外国人から見た日本のすごいところのひとつに挙がるのが「おもてなし」です。

「おもてなし」は平安時代にすでにあった考え方で、「表なし」が語源だそうです。表がないということは、裏もない。つまり、まごころをもって、誠心誠意尽くすことを言います。

似た言葉に、「ホスピタリティ」という語もありますが、おもてなしとは少し意味が異なります。ホスピタリティは、お客さんに対する心遣いを指します。おもてなしのほうがより広い概念です。

この**おもてなしに外国人観光客の多くが感激する**そうです。

おもてなしという考えがあるので、飲食店でおしぼりや水やお茶が出てきます。人をもてなすイメージです。

日本人からしたら、おしぼりが出てくることなんて珍しくもありません。そこに感激することもないと思いますが、外国人観光客の目にはまさに日本的な付加価値にうつるのです。

当たり前のもの、フツーのものも、他の視点から見たら付加価値になる。

視点を変えるだけで、同じものの価値がまったく変わるのです。

おしぼりの話で思い出すエピソードがあります。ある和食店で、僕が作家の先生を取材したときのことです。

その和食店の個室を取材用に使わせてもらうことになっていたのですが、お店の地図がわかりにくかったのか、作家の先生は道に迷ってしまいました。

季節はちょうど夏の暑い盛り。どうにか店を発見して、遅れて登場した先生は汗だくで、そして怒り気味。地図がわかりにくいことに文句があるようでした。

すると、そのお店の店長さんがキンキンに冷えたおしぼりを大量に持ってきたのです。

「地図がわかりにくくてすみません。これで体をふいて、汗を落としてくださ

い」

見たこともない量のおしぼりです。

そのおしぼりで上半身をくまなくふいた先生は、その店のおもてなしに感激し、おかげで取材も順調に進みました。

これぞおもてなし！　と記憶に深く刻まれています。

この出来事があってから、僕はこの店に通うようになりました。

感激してしまうほどの付加価値を見せてくれたことが、お店の大ファンになった理由です。

このオムライスに、付加価値をつけてください

さて、ここでタイトルにあるオムライスです。
見るからにおいしそうなオムライスがあります。
その写真を見せられて、こう質問をされました。

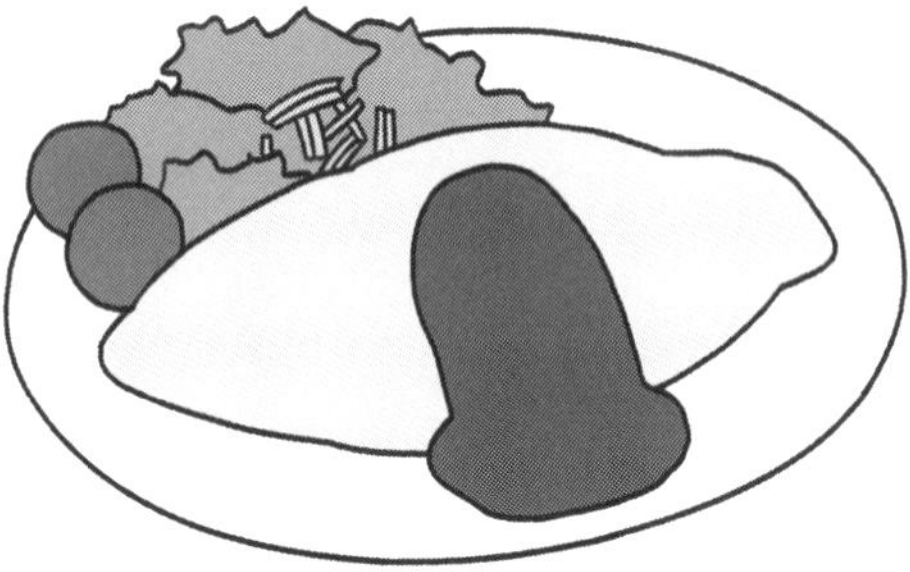

「このオムライスに、あなたならいくら払いますか？」

どうでしょうか？
おいしそうですが、見た目は何の変哲もないオムライスです。あなたはこのオムライスにいくら払いますか？

「800円くらい」
「1500円までなら払う」
たしかに、そのくらいが相場なのかもしれません。

でも、このオムライスに秘密があったらどうでしょうか。

実はこれ、誰もが知っている有名なスポーツ選手が、子どものころから試合前に必ず食べていた**勝負オムライス**。
今回だけ特別に、その選手のお母さんがオムライスをつくってくれたんです。

そのことを知ったうえで、もう一度こう聞かれたらどうでしょう。

「このオムライスに、いくら払いますか？」

「それなら食べてみたいから3000円まで払います」

「その選手の大ファンなので、10万円払ってでも食べたいです！」

オムライスに付加価値が生まれました。

何の変哲もないオムライスは、言ってみれば普通のオムライス。

でも、このオムライスは、特別な付加価値のあるオムライスです。付加価値に値段がついたのです。

付加価値は、相手や状況などによってもさまざまに変化します。

オムライスに付加価値をつけることは、他にもいろいろ可能です。

この本でこれから紹介する「付加価値をつくる技術」を活用して、いくつか考えてみました。

●メッセージオムライス

オムライスにケチャップで文字や絵を描くことってありますよね。これを活用します。

たとえば、「復興支援オムライス」として、お店で出すオムライスにケチャップで応援メッセージを書いてもらいます。それをSNSにアップしてくれれば、オムライスの代金から100円を復興支援に寄付する。

これはすでに紹介した「再定義化」という方法を使っています。オムライスは本来、食べ物ですが、そこにメッセージボードという付加価値をつけたわけです（詳しくは230ページに）。

メッセージオムライスは、他にも付加価値化することができます。

たとえば、甘いものを控えている人向けの誕生日ケーキの代わりに、メッセージオムライスを贈る。これは「当てはめ法」という技術です（詳しくは233

ページに）。

●高たんぱくオムライス

ダイエットや美容にいいと、高たんぱく商品が人気になっているところにのっかっていく付加価値化です。

卵の数を選べるとか、具材を鶏もも肉からむね肉やささみに変更できるなど、高たんぱくであることを売りにした付加価値をつくっていきます。

これも「**再定義化**」という方法を使っています（詳しくは２３０ページに）。

他にも付加価値をつくる技術を使えば、付加価値をいろいろ考えていくことができます。

食べたいという軸だけでなく、話したいオムライス、思い出になるオムライス、健康のためのオムライスなど、視点を広げるとオムライスの付加価値がどんどん生まれるのです。

同じTシャツなのに、売れた場所と売れなかった場所が出たのはなぜか？

僕は出版社で働いているのですが、以前こんなことを聞きました。
あるアパレル会社と組んでTシャツ付きBOOKが発売されました。販路は書店とアパレル会社のショップです。

売り出してみると明暗が分かれました。
アパレル会社のショップではけっこう売れました。
一方で、書店での販売は苦戦しました。

同じ商品なのに、売れ行きに差が出たのです。

なぜそんなことが起きたのでしょうか？

そのTシャツ付きBOOKの値段は約5000円。

これは僕の仮説ですが、アパレルショップでは他のTシャツに比べて**安い商品**に見えたのだと思います。また、アパレルブランドのファンにとっては付加価値が高い魅力的な商品にも見えたのだと思います。

一方で、書店では5000円は他の本に比べて**かなり高額**です。書店にそのアパレルブランドのファンが集まるわけでもありません。

そうなると、付加価値は生まれなかった。

まったく同じ商品でも、届ける場所と届ける相手によって、付加価値は変わります。

付加価値をつくるには、**付加価値が生まれる構造を知り、付加価値を生み出す技術を知る**ことが早道です。この本では、その構造と技術を伝えていきます。

富士山の自動販売機の付加価値は？

日本一高い山、富士山。

富士山には自動販売機が設置されています。温かい飲み物も冷たい飲み物もあり、登山の最中にのどをうるおすことができるありがたい存在です。

さて、そんな富士山でペットボトルの水を買うといくらするでしょう？

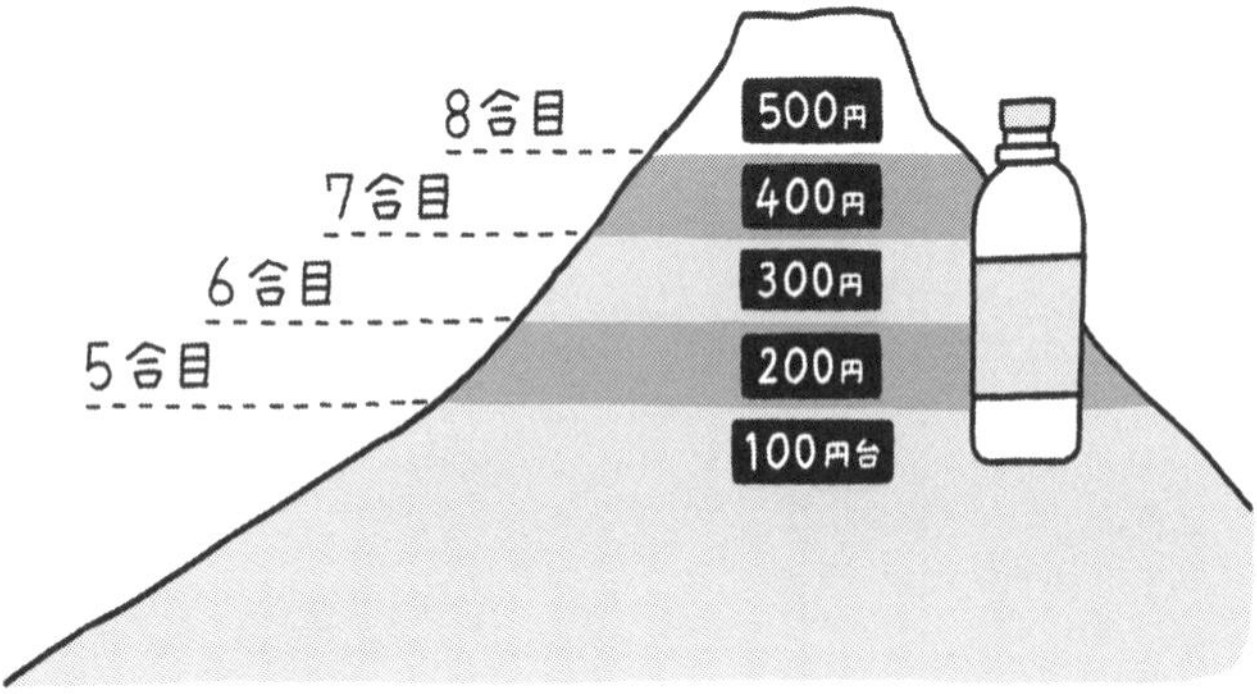

富士山の山頂の自販機で売っているペットボトルは、1本500円（2024年時点）。

そして、おもしろいことに、山を登っていけばいくほど、だんだんと飲料の値段も高くなっていくそうです。

運搬費用を考えれば、登れば登るほど高くなるのは納得がいきます。

通常（想定内）の場所では100円台のペットボトルも、想定外の場所では価格が上がっていきます。

その値段でも飲み物を「買いたい」「欲しい！」と思うのは、付加価値が高いからです。

ここにも付加価値がありました。

付加価値は、いろんなところに潜んでいます。

価値には3つある 付加価値、既存価値、不要価値

付加価値というと、何か特別なものという先入観があったかもしれません。

しかし、今まで見てきた事例のように、**ごくフツーのものでも「視点」を変えることで付加価値が生まれます。**

また、**「相手」によって、あるいは「場所」を変えることによって、付加価値が生まれるケース**もあります。

実際に、人によって「付加価値」という言葉のとらえ方はまちまちのようです。

以前、知人に「付加価値ってどんなイメージ？」と聞いたところ、こんな回答が返ってきました。

「カレーとかラーメンとかのトッピング部分のことでしょ。カレーにコロッケをのっけたり、野菜を足したり。そういう部分が付加価値だと思う」

たしかにトッピングは付加されたものです。だから付加価値。

でも、「付加されたもの＝付加価値」とは限りません。

たとえば、車にはさまざまな機能が装備されています。

僕の車にもいろいろな機能が備わっているのですが、一度も使ったことがない機能がたくさんあります。

スマホやテレビについている機能も、使ったことがない機能だらけです。

これらは「付加されたもの」ではありますが、僕にとっては「付加価値」になっていません。

付加された価値には「付加価値」になっているものもあれば、「いらない価値」になっているものもあるのです。

3つの価値は、どんな定義?

ここで、付加価値とは何かをあらためて考えたいと思います。

付加価値は一般的に、企業が新たに生み出した価値のことを指します。

付加価値には2つの計算方法があり、

控除法:付加価値=売上高−外部購入価値

加算法:付加価値=人件費+金融費用+減価償却費+賃借料+租税公課+経常利益

この2つで付加価値を計算することができます。

と言われても、**何だかよくわかりませんよね。**

でも、ご安心ください！　これから本書で解説していく「付加価値」は、こう定義したいと思っています。

既存の価値と対比させて、付加価値とは何かを定義します。

既存価値　想定内の価値

付加価値　想定外の価値

既存価値というのは、すでに存在している価値です。

電車が時間通りに来る、お店でおもてなしを受ける。こうしたことは**日本人にとってはフツーのことなので既存価値**です。

でも、先ほども書いたように、**外国人観光客にとっては付加価値**になります。

この**想定内か想定外かを決めるのは、「価値を受け取る側」**です。

ビジネスであれば、お客さんが決めるということです。

「価値を提供する側」は受け手のことを考えて、既存価値や付加価値を提供していきます。

ただ、提供側が付加価値だと思って提供しても、受け手側が付加価値だと思わない「いらない価値」であることもあります。

これを僕は「不要価値」と呼んでいます。

整理するとこのようになります。

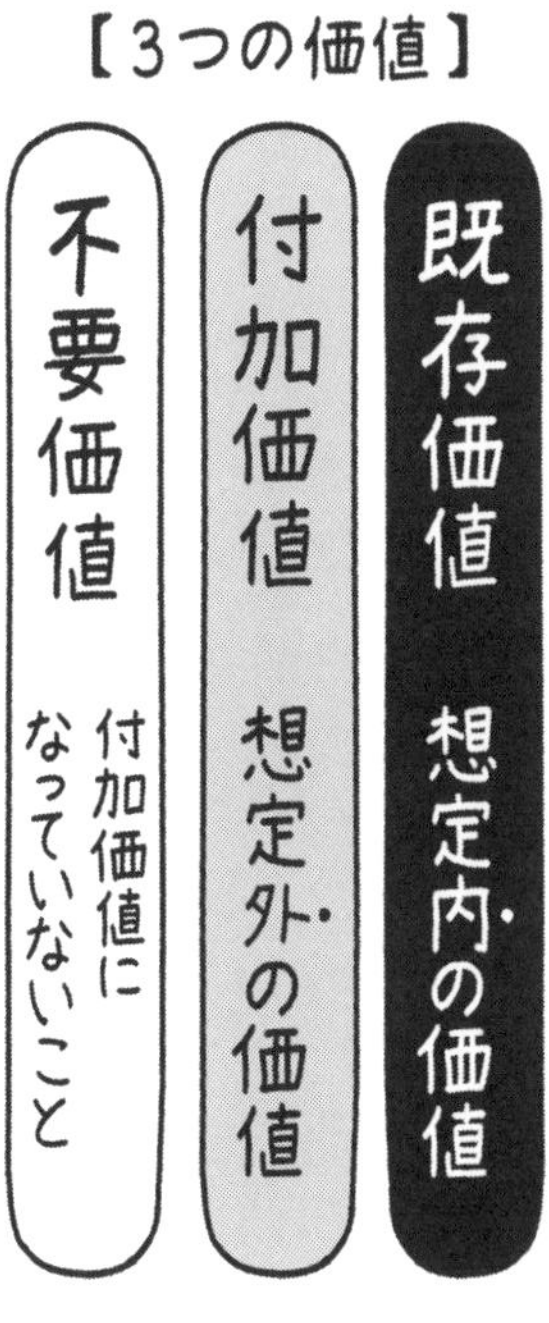

ちなみに、価値の定義は辞書（※1）にこう書かれています。

①その事物がどのくらい役に立つかの度合い。値打ち。
②経済学で、商品が持つ交換価値の本質とされるもの。
③哲学で、あらゆる個人・社会を通じて常に承認されるべき絶対性をもった性質。真・善・美など。

この本で取り上げるのは、主に①の内容です。つまり、価値とは、「お値打ち」のことになります。ですから、想定を超えるお値打ちが付加価値ということになります。

そう考えると、たとえば**ニトリの広告にある「お、ねだん以上。」という**
コピーは、まさに付加価値を提供することを伝えているんですね。

とはいえ、付加された価値には「付加価値」になるものもあれば、「不要価値」になるものもある。

だからこそ、受け取り手のことをよく考える必要があるのです。

既存価値、付加価値、不要価値を別の視点から見れば、こうも言えます。

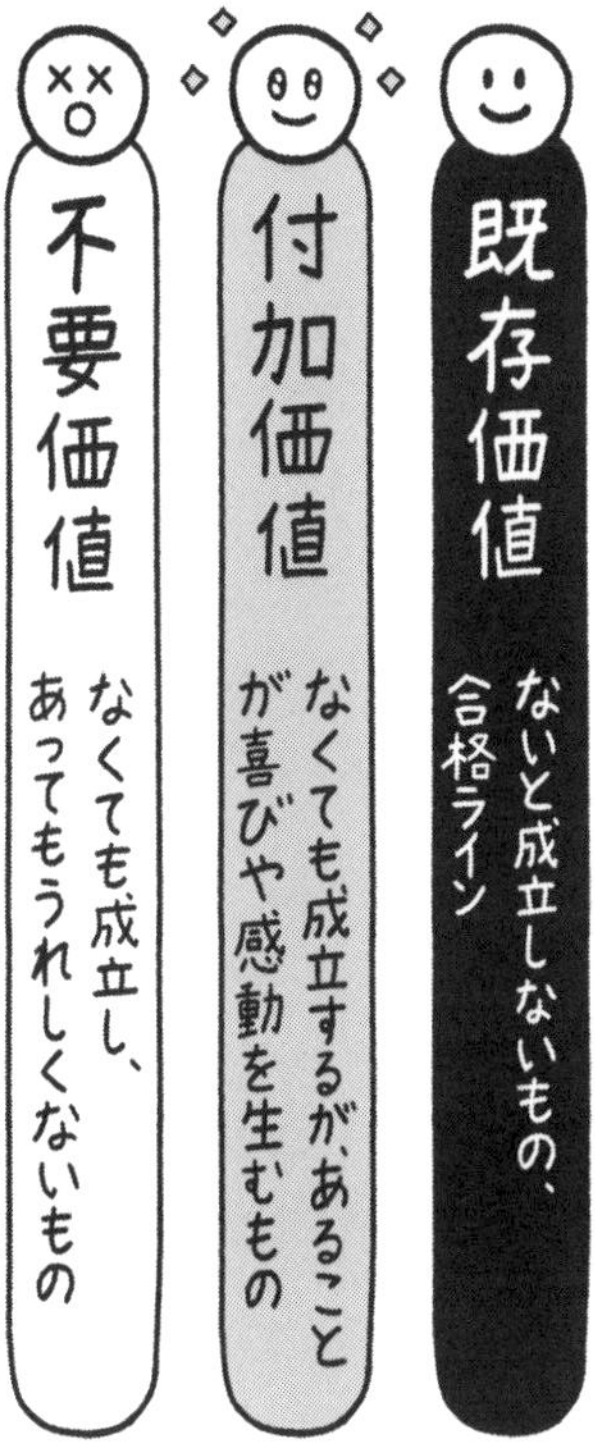
既存価値
ないと成立しないもの、合格ライン
付加価値
なくても成立するが、あることが喜びや感動を生むもの
不要価値
なくても成立し、あってもうれしくないもの

この3つをスーパーのレジで考えてみたいと思います。

あるスーパーには人気のレジがあるという話を耳にしました。

人気といっても長蛇の列というわけではなく、ある店員さんがレジ打ちに入ると、他のレジに比べてそこに人が集まりやすいそうです。

なぜ、その店員さんのレジにはお客さんが集まるのでしょうか？

その理由が「付加価値」にありました。

スーパーのレジは、お客さんからすると「スピーディーに会計を進めてくれること」が求められています。

つまり、スーパーのレジの「既存価値」は、「スピーディーに会計を進められること」。ここが**レジの合格ライン**です。

一方で、人気のレジの店員さんは会計がスピーディーなだけでなく、こんなプラスαがあるそうです。

- **「いらっしゃいませ」という声が明るい**
- **笑顔がいい**
- **気の利いた一言をかけてくれる**

ほんのちょっとのことなんですが、この店員さんにレジを打ってもらうと、いい気分になるそうです。

これが「付加価値」です。

思っている以上の喜びをお客さんにもたらしてくれています。

これが既存価値と付加価値の違いなのです。

「想定外」って、どういうこと？

ここであらためて付加価値を生み出す「想定外」について取り上げておきたいと思います。

「想定外」にはどんな要素があるかをまとめました。

【想定外のこと】

- はじめて見ること、知ること（初見、未知）
- 新しい魅力、認識
- 想像以上の質・量
- 想像以上の喜び
- 気づかなかったこと
- 普段と違うこと
- 強い共感、思い入れ
- 深い理解
- 感激・感動・感嘆（サプライズ）
- 突然のこと

意味が重なっているものもありますが、「想定外」とはこういった要素から生まれます。

つまりそれは、付加価値はこういった要素を満たしたときに生まれるということです。

では、ここでまた質問です。

洋食のお皿によくついているパセリ。

「このパセリの存在は
「既存価値」

「付加価値」

「不要価値」

のどれでしょうか？」

パセリは、料理における「既存価値」にはなりません。
注文したものは、コロッケやとんかつ、エビフライなので、パセリがなくてもメニューは成立するからです。

では、パセリは「付加価値」か「不要価値」か、どちらでしょうか？

これはどちらにも当てはまります。

パセリがついている意味を認識して、パセリがついていることがうれしければ、それは「付加価値」です。
一方で、**パセリがついている理由を知らない、知っていてもそれがうれしくなければ、それは「不要価値」**です。

友人と洋食屋さんに入ったときのことです。
友人はミックスフライ定食を頼んでいたのですが、付け合わせのパセリを残していました。

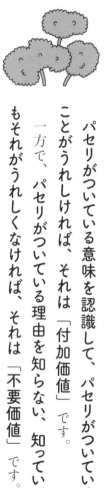

「パセリは食べないの？」

そう質問したところ、友人はこう答えました。

「パセリは苦くておいしくないし、ついていても残すかな」

付け合わせのパセリを食べないのは、この友人に限った話ではありません。けっこう多くの人がパセリを残しているようです。

理由は主に、「好きじゃない」「苦い」「使い回しされてないか不安」など。

僕はパセリが嫌いではないので毎回食べていますが、**そもそもなぜパセリはついているのでしょうか？**

ちなみに、とんかつにはキャベツがついていますが、あのキャベツはむしろ人気の付け合わせです。

おかわりサービスをしているとんかつ屋さんもありますよね。

一方で、パセリのおかわりサービスは聞いたことがありません。

本来、パセリもキャベツも、メイン料理に対する付加価値としてついているはずのものです。

もったいなさすぎる「伝えない問題」

洋食にパセリが付け合わせで出てくる理由はいくつかあるそうです。（※2）

・見た目の彩りをよくするため
・パセリに含まれる成分に殺菌効果、消化促進効果、消臭効果があるため
・食べてもおいしいから

その理由を知っている人がどのくらいいるのかわかりませんが、こういった理由からパセリが付け合わせとして出ることが一般化したそうです。

でも、キャベツは喜ばれているのに、パセリはあまり喜ばれていないようです。

この差は何でしょうか？

一番の違いは「味の好き嫌い」です。お客さんの味覚により好き嫌いが分かれます。

もともとは、キャベツもパセリも付け合わせになったのには理由がありますが、それがあまり伝わっていないので、**味の好き嫌いがキャベツとパセリのポジションを決めています。**

パセリは何のためについているのか、あらためてその付加価値を伝えていく必要があるのかもしれません。

お店は「付加価値」だと思ってわざわざつけていても、お客さんには「不要価値」になっていたのでは、もったいないですよね。

こういった「もったいないこと」は、実はあちこちで起きています。

まさに**「付加価値を伝えない問題」**です。

たとえば、仕事で資料づくりを頼まれたとき。

よりよい資料にしようと思って細部にこだわったとしても、提出した相手にそのことが伝わらなければ、それは「不要価値」になってしまいます。

時間をかけて付加価値を生み出そうと思ってやったことが、まったく付加価値にならない。それならば最初からやらないほうがいいですよね。

そうすれば時間のムダも減らせます。

仕事においても、人生においても、**「言わなくてもわかってくれるはず」はリスキーな考え方**です。

人は言われないと気づけない、わからない生き物です。

付加価値も、ちゃんと伝えないと、なかなか伝わりません。

パセリだって同じです。

せっかく料理に添えているのなら、その意味を伝えたほうがいい。

メニューの片隅に書いて伝えるなどしてもらえたら、**お客さんにとってのパセリの価値が変わる**はずです。食べ残す人も減るのではないでしょうか。

付加価値は日常生活や人生にも役立つ

さて、この本のテーマは付加価値です。

付加価値というと、何だか難しいように感じるかもしれませんし、たとえば商品開発やマーケティングの仕事をしている人にだけ必要な考え方だと思っている人もいるかもしれません。

でも、付加価値は、実は身の回りにあふれていて、**付加価値の考えは、仕**

事はもちろん、日常のさまざまなシーンで活用できます。もったいないことを減らすこともできます。

たとえば商品やサービスが素晴らしいのに、付加価値をつくることができないために、魅力が伝わらないこともあるのです。

僕がこの本を書きたいと思った理由も、そこにあります。

付加価値をつくることができると、人生をより豊かにおもしろく変えることができるのに、何だか付加価値ってちょっと高尚な感じがします。

付加価値をもっと多くの人が身近に感じ、それこそカジュアルに使えるようになったらと思い、この本を書いています。

- ＡＩを駆使して新しいサービスを構築する
- 最新のテクノロジーで世界の課題解決に挑む
- 宇宙ビジネスにおける付加価値をつくる

こういった付加価値づくりももちろん素晴らしいと思います。

ただ、付加価値はこうしたビジネス分野にのみ存在するものではありません。

「レストランにもっとお客さんを呼ぶにはどうしたらいいのか」「新しいペットグッズをつくりたいんだけど、どういうものがいいか」「自分の仕事の成果を上げるにはどうしたらいいんだろう」……、そういった場でも、付加価値づくりは大いに役に立ちます。

逆に言えば、そういった**仕事の現場で付加価値づくりを知らないと、うまくいかなかったり、もったいないことが起きる可能性が高まる**のです。

なぜなら、仕事とは「付加価値をつくる」ことと「作業をする」ことに分けられるからです。そして、成果につながり評価されやすいのは、主に付加価値をつくったことに対してです。それについてはこの後であらためて説明させてもらいます。

仕事とは付加価値をつくること

ここで（遅ればせながら）自己紹介をさせてください。

柿内尚文と言います。長年、出版の世界で編集者として仕事をしてきました。

編集の仕事はどんな仕事なのかがわかりにくいと、よく言われます。

「本をつくっているんですか？」

「ウェブメディアを運営しているんですか？」

「雑誌の企画を考えているんですか？」

どれも間違ってはいないのですが、僕は編集の仕事をこう定義しています。

「編集とは、付加価値を生み出す仕事」

もう少し詳しく説明すると、編集の仕事は**付加価値を「発見し」「磨き」「伝える」という3つのステップ**でできていると思っています。

この**3ステップこそが、付加価値を生み出す素**になります。

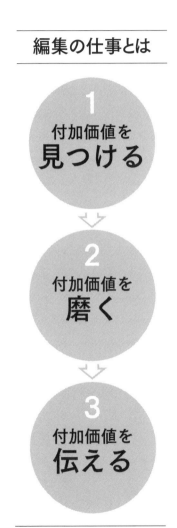

編集の仕事とは

1 付加価値を**見つける**

2 付加価値を**磨く**

3 付加価値を**伝える**

僕は付加価値を生み出す編集の技法を用いて、出版だけでなくさまざまな領域で「付加価値を生み出す仕事」もしています。

その中で、自分のライフワークとしていることがあります。

それは、**世の中にあるちょっととっつきにくそうなことをできるだけみなさんに伝わるようにしていく**こと。

これを「**カジュアル化**」と呼んでいます。

これまで本を何冊か書かせてもらいましたが、考える技術のカジュアル化、伝わる技術のカジュアル化、時間価値のカジュアル化をそれぞれの本でやってきました（そちらも読んでいただけるとうれしいです）。

そして今回、**この本では「付加価値のカジュアル化」を目指します。**

付加価値のカジュアル化って何ぞや？

そう思うかもしれませんね。

でも、そのことをできるだけわかりやすく書いていくのでご安心ください。

凡人だからこその付加価値

その前に、もう少し自己紹介を続けさせてもらいます。

今でこそ、こうやって本を書いたり、人前で講演をさせてもらったりしていますが、20代のころは自分にまったく自信がありませんでした。

「自分には強みがない。周りには優秀な人、すごい人が多いのに、何で自分はこんなにダメなんだろう……」

そんなことばかり考えていました。

新卒時の就職活動では、とにかく集団面接が苦手。アピールできる自分の強みもなく、自分に自信がないので個性の強い周りに圧倒されてしまい、毎回撃沈していきました。

僕が行きたかった会社の集団面接でのことです。5人の学生が一緒に面接を受けていて、面接官からこう言われました。

「みなさん、自己PRをしてください」

面接では定番の質問ですが、僕は大の苦手でした。なぜなら、**自分をPRできるようなポイントなんかない**と思っていたから。


僕が回答する順番は5番目、最後です。

最初の人がまず答えました。

「体育会アメリカンフットボール部で、スタメンで活躍していました――」

この回答を聞いて、僕はもう負けをイメージしていました。

「あぁ、こういう人と比較されたら落ちるに決まっている」(僕の心の声)

次の人はこう回答していました。

「一級小型船舶免許を持っています。他にも免許を取ることが好きで、〇〇や〇〇など10個以上の免許を持っています」（〇〇の部分は、緊張のあまり覚えていません）

この回答を聞いて、僕の負けイメージは倍増。

「あぁ、こういう人とも比較されたら落ちるのは確定だ」（僕の心の叫び）

こんな感じで**先に回答した4人全員に、僕は圧倒的に負けていました。**

このときに自分が何を答えたかはまったく覚えていませんが、自分はダメなんだということを強く感じた経験として、今でも記憶に深く残っています。

こんな感じで自分の凡庸さに辟易しながら生きてきました。

憧れるのはスペシャルな存在！　でも、自分は凡人。

自分に自信を持てない。


そんな考えでいたので、就職して働き始めてからも、自分のダメな部分にばかり目が行きます。

結果、こういう感情が自分を包みます。

「仕事をしている自分は本当の自分じゃない。プライベートの時間こそ本当の自分なのだ。仕事は憂鬱だ。できるだけ働きたくない」

そんな毎日でした。


それでも仕事をしないわけにはいきません。

どうにかこうにか働いている中で、あるとき気づいたことがありました。

それは、仕事ができる人と接してみると、意外にも「普通の人」が多いということでした。

僕は仕事ができる人は「スペシャルな人（見るからに個性が強くて能力が高そうな人）」だと思っていました。

でも、どうもそうじゃないみたいだ。

そこで仕事ができる人にストレートに質問をしてみました。

「仕事ができる人は、やっぱり能力が高い人ですよね？」

すると、驚いたことに、聞いた人はみな同じような回答だったのです。

「いや、いたって普通だよ。お客さんは普通の人なんだから、普通な自分にはお客さんの気持ちがよくわかる。普通だってことは武器になるんだよ」

目からうろこでした。

自分が考えていたことと、まったく違ったのです。

凡人は強みだったのか！

この気づきは、自分の意識をダイナマイト級に変えました。

自分の中に実はすでに凡人という強みがあったなんて。まさに**お宝発見**でした！

ないものに視点を向けるのではなく、あるものを付加価値化していく。

そうやっていけば、自分の強みはつくれる。

凡人という強みを発見して以降、仕事に対するスタンスが変化していき、仕事を楽しむことができるようになったのです。**自分の持っている付加価値を見つけられて、人生が変わりました。**

付加価値づくりが活用できるのは仕事の場だけではありません。付加価値は人生全般で役立ちます。

付加価値づくりは、人にも、商品やサービスにも使えるのです。

「作業」に「付加価値」をプラスする

編集の仕事は付加価値をつくることと書きましたが、実は**編集の仕事に限らず、仕事と付加価値には深い関係**があります。

もし、「仕事とは何か？」という質問をされたら、あなたはどう答えますか。回答は、人それぞれだと思います。

「自分の時間や体力、頭脳を使って対価を得ること」と答える人もいるでしょうし、「お金を得る手段」と定義している人もいると思います。

仕事の定義は何か？

辞書（※3）で「仕事」を調べてみると、こう載っていました。

①何かを作り出す、または、成し遂げるための行動。
②生計を立てる手段として従事する事柄。職業。
③したこと。行動の結果。業績。

他の意味もありますが、ここでは関連する部分のみピックアップしました。

「あなたの仕事は何ですか？」

そう聞かれたらたいていの人は職業や役職を答えるのではないでしょうか。

もちろんそれも間違いではありません。辞書が定義するところの②の意味ですよね。

では、①の意味で、「あなたの仕事は何ですか？」と聞かれたら、どう答えるでしょうか？


僕の場合、②の意味で仕事を聞かれたらこう答えます。

「会社では役員をしながら、編集セクションの責任者をしています。また、コンサル業や本を書く作家業、講演業などもしています」

でも、**①の意味で聞かれたら、答えは変わります。**

「僕の仕事は、付加価値を発見し、その付加価値を磨き、そしてそれを伝えていくこと。それが仕事です」

僕は編集をこう定義しているので、それをそのまま回答します。

①の意味での定義はざっくり言ってしまえば、「付加価値をつくることが仕事」ということです。

とはいえ、付加価値をつくることはあらゆる仕事に共通します。

建設業に携わる人であれば、建物をつくることでそこを利用する人に付加価値を提供することが仕事になる。飲食店で働いている人は、料理を通じてお客さんに付加価値を提供することが仕事です。

言ってみれば、**仕事とは付加価値をつくること。**そう定義できるのではないでしょうか。

ただ仕事にはもうひとつの要素があります。
それが「作業」です。

作業＋付加価値づくり＝仕事

まとめると、こう定義できます。

【仕事は2つの時間で成り立っている】

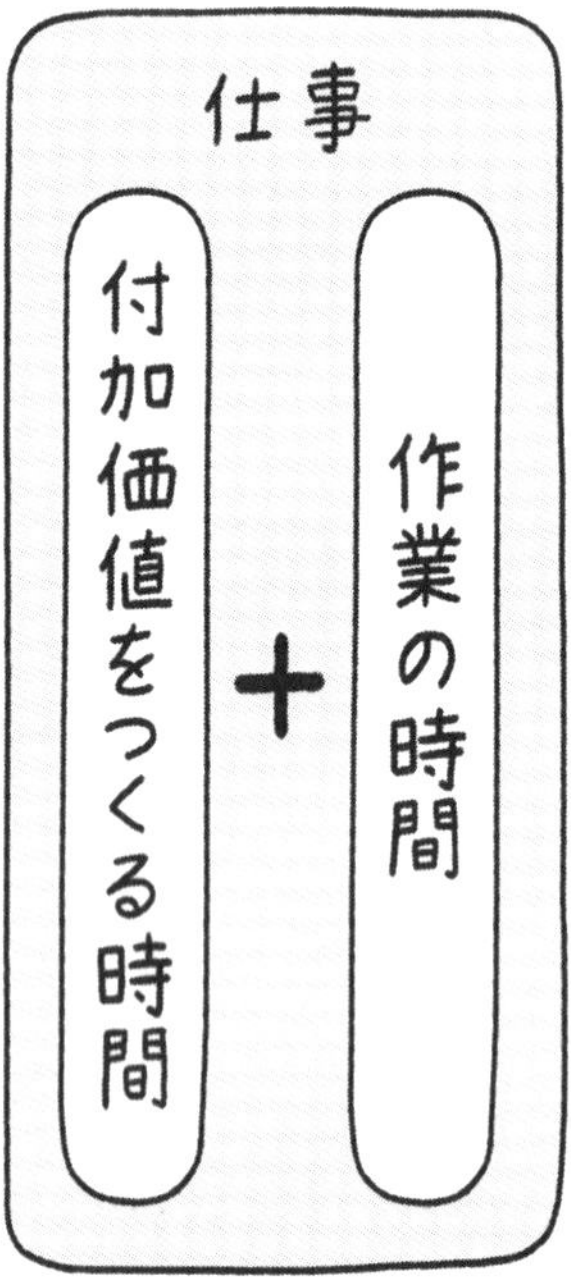

そして、**作業の時間よりも、付加価値をつくる時間を増やしていくことが、自分ならではの仕事をするということ**になっていきます。

仕事人としての強みも、付加価値をつくる部分に特に宿ります。

収入を上げたければ、提供できる付加価値を高めることです。

仕事で成果を出したい場合も、提供できる付加価値を高めることです。

営業成績を上げたければ、お客さんに高付加価値を提供し、マネジメントであれば、チームの付加価値を高めることに意識を向ける。

営業の仕事も、サービスの仕事も、マーケティングの仕事も、コンサルの仕事も、制作の仕事も、総務の仕事も、そして経営の仕事も、言ってみれば「付加価値をつくる仕事」です。

もちろん付加価値をつくらなくても仕事が成り立つことは多々あります。

ただそれは成り立つというだけで、そのままだと誰でもできる仕事の範疇を抜けません。その先の成長、さらなる成果に結びつきにくいと思います。

仕事とは付加価値をつくること。
そう再定義するだけで、見えてくる景色は変わります。

「この仕事の付加価値は何か?」という問いから始めて、再定義をする。
たとえば、

営業の仕事の再定義↓
×お客様に商品を売ること
○お客様が喜んでくれる付加価値を提供すること

コンサルの仕事の再定義↓
△クライアントの課題解決
○クライアントの付加価値づくりのサポート、提供

仕事力を上げたければ、付加価値を考えることです。

付加価値という強みを仕事の中心に

人気のうどんチェーン丸亀製麺の強みは「感動体験の提供」だそうです。

創業者で丸亀製麺を運営している、株式会社トリドールホールディングスの代表取締役の粟田貴也さんは、著書（※4）の中でこう書いています。

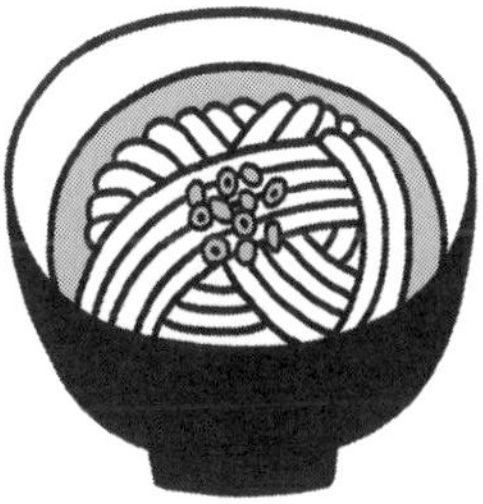

「小さな焼き鳥屋から創業したトリドールがここまで大きくなれたのは、2つの理由があると考えています。一つは『感動』という体験価値を中心に据え、チェーン化してもその根幹を変えなかったこと。丸亀製麺は1号店の開業から今にいたるまで、必ず店舗で製麺し、打ちたて・茹でたてを提供しています。非効率と言われようとも、セントラルキッチン方式は採用せず、つくりおきもしません。それは、打ったばかりのうどんをその場で茹でて

食べる製麺所の感動こそが、丸亀製麺の強みだと考えているからです。……」

「おいしいうどんの提供」はもちろんのこと、「感動体験の提供」を目指しているのです。

もちろん、感動体験の中には「おいしいうどんの提供」も含まれています。

この「感動体験の提供」という付加価値が、他のうどん屋さんと丸亀製麺を切り分けるものになります。

自分たちは何を仕事の中心に置くか。

「付加価値の提供」という視点を持つことで、行動が変わるのです。

結果、強みが生まれ、他店との差別化ができるのです。

付加価値は何か？　仕事はそこからスタートです！

付加価値をつくれる人に

編集者という仕事柄、取材で各界のトップを走る経営者やクリエイター、アスリート、アーティスト、職人……、世間ではまだ知られていないけれど、これからすごいことをやりそうな人、数多くのすごい人に出会ってきました。

すごい人に会う中で、考えてきたことがあります。
それは、**「すごい人は、なぜすごいのか？」**ということです。

世の中をあっと言わせる商品を開発した人。
営業成績がずば抜けて高い人。
社会課題を解決する事業が成功し、世の中の役に立っている人。
メガヒットしたコンテンツをつくった人。

多種多様の成功を収めたすごい人たちに共通するものは何かを考え、たどり着いた結論があります。

それは、**「すごい人は、付加価値をつくるのがうまい」**ということでした（当たり前と言えばそうなのですが、再発見しました）。

世の中をあっと言わせる商品を開発した人も、営業成績がずば抜けて高い人も、メガヒットしたコンテンツをつくった人も、結局は、**付加価値づくりがうまかったん**です。

これはすごい人に限ったことではありません。うまくいっている人全般に言える共通点、それが「付加価値づくりがうまい」ということです。

要は、**「うまくいきたければ、付加価値をつくれる人になりなさい」**

ということです。

付加価値をうまくつくると言われても、何をすればいいのかわからないし、いきなりはできないかもしれません。

そのためにこの本があります。

この本は、これまでありそうでなかった「付加価値づくりの教科書」を目指しています。

付加価値がないと何が起きるのか

電車に乗っていて、車内の中吊り広告を何気なく眺めていました。

目に留まったのが、台所のクリーニングサービスの広告。期間限定のキャンペーン告知で、そこにはこんなことが書いてありました。

今だけ50%オフ。

通常○○○○円のところ、キャンペーン価格で○○○○円に。

ポイント3倍。

クリーニング後には、どれだけきれいになったかの効果測定ができます。

この表示を見たとき、この広告の付加価値は何だろうと思いました。

まず価格ですが、台所のクリーニング価格がいくらかは、たぶんほとんどの人は知らないんじゃないでしょうか。つまり、その広告主のサービスが、通常の価格帯より高いのか安いのかがわかりません。

また、今の自分の家の台所の汚れ具合や汚れリスクがよくわからないこともあり、効果測定にどれだけの意味があるのかわかりませんでした。

この広告は、すでに「台所クリーニングをしたい」と思っていて、サービスの価格も調べている。そんな**ごく限られた人にしか届かない広告になっていた**のです。

せっかくお金をかけて出している広告なのに、もったいないですよね。

付加価値が足りないことが、もったいないを生んでいました。

付加価値不足　↓　もったいないを生む

ここまで何回も出てきたポイントです（この本では大切だと思うところは繰り返し書くようにしています）。

付加価値不足は、さまざまな場面で起きています。

・自社商品の付加価値が弱く、売れない
・付加価値が伝えられず、価格競争に巻き込まれる
・会議で提案したことが付加価値不足で、承認してもらえない
・自分の付加価値がわからず、自己肯定感が低くなる
・自分の強み（付加価値）を打ち出せず、就活で苦戦する
・恋愛で自分の魅力（付加価値）をうまく伝えられず、失恋する

ここに書いたのはほんの一例です。

付加価値が曖昧で、付加価値不足になると、さまざまなマイナスの壁にぶつかるのです。

今の世の中はどんどん消費されて、風化のスピードも速くなっています。ちょっと気を抜くと、消えていってしまう。

そんな時代の中で、商品やサービス（モノだけでなく人も含めて）、情報をどうやって認知してもらい、興味をわかせるかで多くの企業、人が戦っています。

まさに**今の時代は「認知戦」「興味戦」をしている**のです。

そういう時代の武器が「付加価値化」です。

付加価値は認知や興味を生むために武器になる因子です。

さらに、付加価値はシェアされやすい要素も持っているので、SNS時代に活用しない手はないと思います。

付加価値の
大切さ、
伝わったでしょうか

第2章

付加価値をどうつくるか？

付加価値をつくるって、実はそんなに難しくないんです

あるお店に入ったときのことです。バナナのジャムが売られていました。

バナナ好きの自分としては、これは買わずにはいられません（バナナ好きの話は自著『バナナの魅力を100文字で伝えてください』に書いています）。

バナナジャムを見ていると、店員さんがこんなことを教えてくれました。

「このジャムのレシピは、店主がある国で教わったレシピをベースにしてるんですよ」

何？　ある国ってどこ？

僕のバナナジャムへの興味はぐんと高まり、店員さんにさらに詳しく質問し、迷うことなく購入しました（家に帰り、パンにぬって食べてみると、これがうまい！　今では我が家の定番になっています）。

バナナ好きだったので、珍しいバナナのジャムに出合えただけで興味はわいていたのですが、そこにバナナジャムのストーリーを教えてもらったことで、興味はジャンプアップしました。

このちょっとしたストーリーが、バナナジャムの付加価値です。

ちょっとしたストーリーをつけ加えることを**「小話プラス」**と呼んでいます。

これも付加価値をつくる技術のひとつ。

これは、商品のＰＯＰなどでも活用できる技術です。

小話をプラスするだけで付加価値が生まれるのです。

たとえば、友人を誰かに紹介するとき。

その友人とのエピソードを盛り込んで紹介することってないでしょうか。これも「小話プラス」です。それにより、友人のイメージがハッキリします。紹介された人は友人への興味が強まります。

僕も人に誰かを紹介するときは、できるだけ紹介する人の小話をプラスして話すようにしています。そうすることで、その人の魅力や人柄がより伝わりやすくなるからです。

小話プラスで付加価値を生む事例は枚挙にいとまがありません。

たとえば、歴史で有名な豊臣秀吉の草履の話。

「織田信長に仕え始めたころに、秀吉は信長の草履を懐で温めておき、冬の寒い日に温かい草履を差し出した。こういった細やかな気遣いが、秀吉の出世のきっかけになったとも言われる」

こうした小話があることで、秀吉の人物像が明確になってきます。解像度が上がるわけです。

小話が付加価値を生み出す理由は、**「対象に対する解像度が上がる」**からです。解像度が上がると、理解度も上がり、興味や関心を生みやすくなります。

僕は毎日風呂に2回入るのですが、風呂時間をとても大切にしています（その話は著書『このプリン、いま食べるか？　ガマンするか？』に書かせてもらいました）。

以前、家を借りるときに、風呂に関する小話を聞いたことが、その家に住もうと思ったきっかけになったことがあります。

その物件を紹介してくれた不動産会社の人にこう勧められたのです。

「この家の魅力はなんといってもお風呂なんです。露天風呂気分が味わえるように窓を大きくとっているので、空が見えて、気持ちがいいはずです。

数年前、この物件とは違うのですが、やはり露天風呂気分が味わえる物件をお客さまに紹介したことがあるんですが、そのお客さまからは『毎日の風呂がとにかく楽しい。温泉に行かなくても温泉気分が味わえる』と喜んでもらったことがあります。こちらの物件も、同じような気分を味わえるんじゃないでしょうか」

僕の頭の中では、その話を聞いた時、温泉気分で入浴しているイメージが明確に浮かび上がってきました。解像度が上がり、さらに興味が生まれたのです。

結局、それが決め手になり、その物件を借りることにしました。

決め手は「小話プラス」でした。

こういったちょっとした話を意識的にプラスするだけで、既存価値も付加価値に変化させることができるのです。

「お好きな席にどうぞ」は付加価値にならない

付加価値をつくるのはそんなに難しくないという話をすると、こういう反応が返ってきたことがあります。

「普段から新しいことに挑戦していたり、アイデアを考え続けている人にとっては難しくないかもしれないですが、私のようにそういった仕事をしていない人間にとっては、付加価値をつくることは簡単ではありません」

いきなり付加価値をつくってほしいと言われても、簡単にはできそうもない印象かもしれません。

でも、**そんなに難しく考えなくていい**と思います。

以前、サービス業界のカリスマと言われる人に、こんな話を聞いたことがあります。

「レストランのスタッフで、入ってきたお客さんに対して『お好きな席にどうぞ』と言う人がいますが、私はそれはサービスだとは思っていません。入ってきたお客さんにとって、そのときに最適だと思う席を勧めることがサービスだと思っています」

たしかに「お好きな席に」と言われても、店内の様子がわからないお客さんからすると、混雑時などは特にどこに座ったらいいか探しにくい場合もあると思います。

お客さんにとって最適な席を一瞬で判断し、『こちらにどうぞ』と勧めること。これも付加価値をつくっていることになります。

席の案内ですから、そんなに難しいことではありません。でも、その仕事に付加価値をつけることはできるのです。

スタバのサードプレイスも付加価値

群馬県高崎市のシティプロモーションの一環としてスタートした、「絶メシ」というプロジェクトがあります。テレビドラマにもなったので、知っている人も多いのではないでしょうか。

安くてうまい、地元で長年愛されてきた個人経営の飲食店。でも、店主の高齢化などの理由で、いつまで続けられるかわからない店も多い。

そういった絶品だけれど絶滅の危機に瀕している店の料理を「絶メシ」と命名し、ウェブ上で紹介していくなどのプロジェクトです。

このウェブでは、単に料理を掲載するだけではなく、店主とお店の歴史や思いなど、さまざまなストーリーもからめながら紹介をしています。

この**ストーリーがまさに付加価値です。**

マーケティングの世界では、「ナラティブ」や「ストーリーマーケティング」

と呼ばれる手法があります。

「ナラティブ」とは、物語や語りという意味で、マーケティングの世界でよく使われている手法です。

ストーリーとナラティブは正確には意味は違うのですが、そこを語るのはこの本の中心ではないので、ともに「物語」を活用するという意味で使います。

たとえば有名なところでは、**スターバックスの「サードプレイス」**は、ナラティブがうまく伝わったケースです。自宅でも職場でもない、居心地のいい第3の場所を提供するというストーリーが多くの人に響きました。

アップルの「Think Different キャンペーン」、ナイキの「Just Do It」、ユニクロの「ライフウェア ストーリー100」など、多くの企業が物語を取り入れた展開をしています。

物語の魅力は、やはり「興味がわきやすくなること」と「記憶に深く残ること」です。

プロローグ化を使って物語をつくる

物語をつくる、小話をつくると言われても、どうつくっていいかわからない人もいると思います。

そこでひとつ、参考になる考え方を紹介したいと思います。

それが、**「プロローグ化」**です。

プロローグは、序章とか序幕という意味なんですが、これから始まることに対して期待感を抱いてもらったり、あえて強烈なマイナスを提示していったん落としたりして、その先を盛り上げていく役割を持っています。

つまりプロローグ化とは、**付加価値をつくりたい対象を盛り立てるための前ふりになるストーリーをつくる**ことです。

付加価値づくりにおけるプロローグ化はこんな要素でつくります。
ある商品の付加価値をつくるときに、

●その商品をなぜ開発しようと思ったか（熱い思い）
●社会的意義（必然性の構築）
●アイデアにたどり着いたときの話（秘話）
●開発するうえでの苦労、困難、葛藤、挫折、ぶつかり合い（マイナスに一度落とす）
●開発チームの結束（マイナスからの上昇）
●ライバルとの戦い

すべてがプロローグ化の材料になります。

物語をつくるときのポイントもあります。たとえば、意識的にマイナスの話を入れること。

物語をつくるときについやってしまうのが、いい話ばかりを集めてしまうことです。でもいい話だけだと、人の心には刺さりにくい。

マイナスの話があるから、プラスの話が心に響く。
マイナスが大きければ大きいほど、プラスも大きくなるのです。

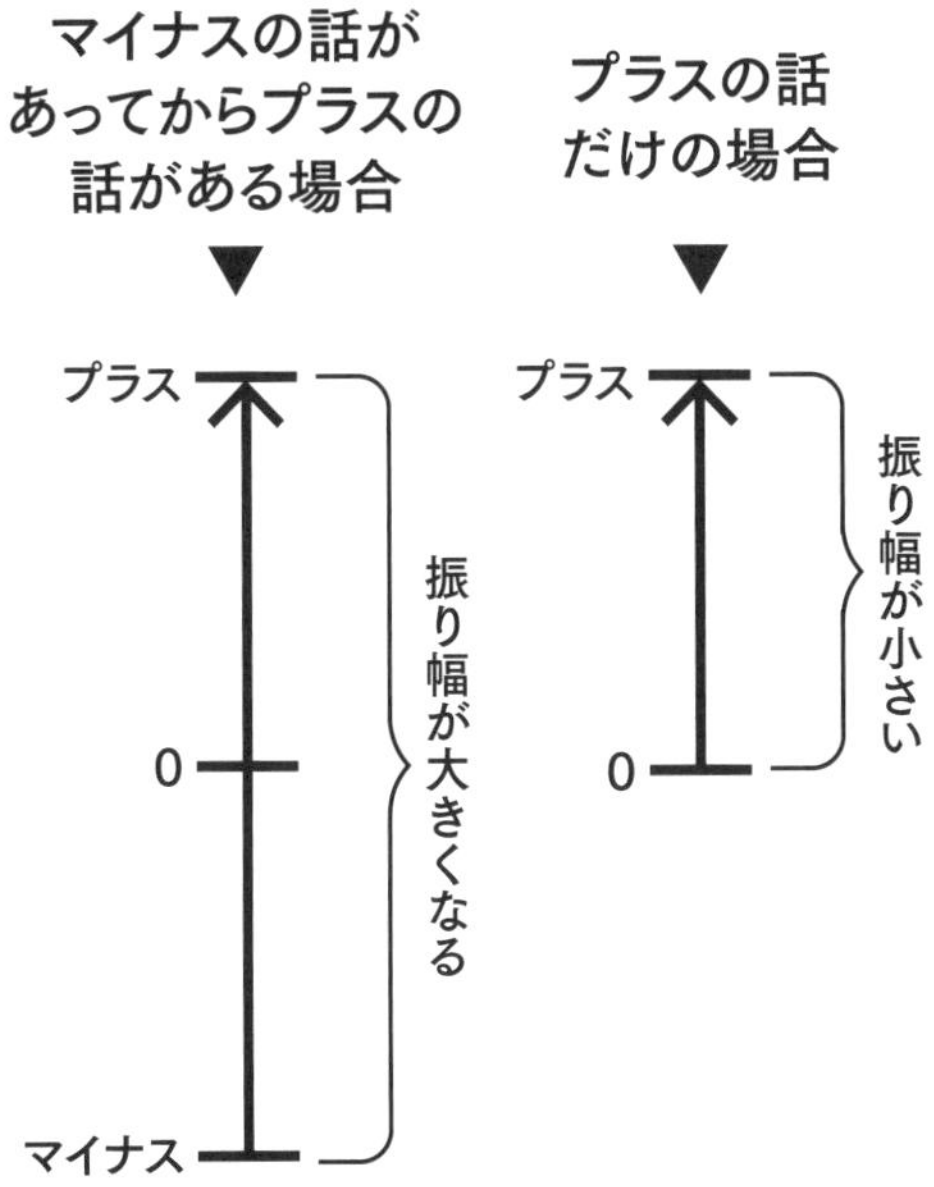

以前、こんな話を聞いたことがあります。

「自分の子どもが小さいときの写真のほとんどが、笑顔の写真とか、みんなで集合している写真ばかりで、子どもが怒ったときとか、泣いているときとか、ごくごく日常のよくあるシーンの写真はほとんど残っていなくて残念なんだ。そういうときのほうが、実は思い出に残っていたりするのに……」

なるほどと思いました。

これは商品やサービスのプロローグをつくるときも同じです。ついつい、プラスの面ばかり伝えようとしてしまいますが、マイナスがあるほうがプラスが浮き立つ。両方あることで、より響くものになるのです。失敗の話をして、「だから今、成功できた」と伝えるとより伝わる強度が高まります。

プロローグがあると、付加価値がぐっと立ってくるはずです。

プロローグ化、ぜひ使ってみてください。

「日本で2番目にまずい店」も付加価値なのか？

「日本で2番目にまずい店」

ある場所で見たラーメン屋さんの看板にこう書かれていました。

何でまずい店と、わざわざ書くのか？ マイナスだけをあえて伝えるのって、どんな意味があるのか。

看板を見たときはそう思いました。


でも、このマイナスをあえて伝えるという方法、実はいろいろ使われていることがわかりました。

有名なのが、以前ＣＭであったこのコピー。（※5）

「まずい！　もう一杯！」

このCMは、まだそこまで認知されていなかった青汁という商品を広めることにつながったそうです。

「まずい」という言葉にはインパクトがあります。

ラーメン屋さんが「日本で2番目にまずい店」と看板に書いたのも、やはりインパクトを狙ってのことだと思います。

ただ、あえてマイナスを出すメリットはインパクトだけではありません。

たとえば、**「本当にまずいのか？」というお客さん側の興味を生む効果**もあります。

また、**おいしければ、ギャップを狙えます。**あえて落としておいて、ギャップの大きさで、お客さんの記憶に残そうとしているのかもしれません。

他にもこんな狙いが考えられます。

・ユーモアや自虐をうまく活用し、お客さんとの距離をつめたい
・競合と差別化する場合、普通はおいしいを売りにするところをまずいを押し出すことで、他店と差別化したい
・SNSで話題を広めたい

付加価値は、伝えたい相手に伝わってはじめて意味を持ちます。最高の付加価値も、誰も知らなければ、付加価値ではなく不要価値です。

付加価値は、いつも自分ベースではなく、相手ベースなのです。

付加価値で苦労するのが、「付加価値が伝わらない問題」です。せっかくつくった付加価値が、なかなか伝わらない。知ってもらえない。そんな悩みは多いかと思います。

そんな付加価値を伝える方法のひとつが、**「インパクト化」**。わかりやすく

「インパクトのあること」を押し出すのです。

「日本で2番目にまずい店」といった**「ネガティブ表現の活用」**も、「インパクト化」の一例です。

シャトレーゼが期間限定のアイスで話題をつくるために行った施策も、ネガティブをうまく活用した方法でした。

そのエピソードが、『シャトレーゼは、なぜ「おいしくて安い」のか』という本（※6）に書かれています。期間限定のアイス「クッキーオンアイス」を発売したときの話です。

「味と食べ応えについては、どこにも真似ができない秀逸な商品。なんとか話題にできないかと思い、キャッチコピーをつけてプレスリリースを発信しました。『日本で最も不細工なアイスクリーム、本日発売』

予想通り、いつもはおとなしく正統派の打ち出しをしているシャトレーゼに、いったい何が起きたのかと、WEB媒体を中心に記事が掲載。最終的に、商品を完売することができました」

まさに、ネガティブ表現を活用した話題づくりです。

ただ、この先がポイントです。ネガティブ表現をただインパクトのためだけに使うのではなく、ネガティブな表現を使った意味をしっかりと伝えています。

「形が悪くても、味の優れた商品もあるという、最近ありがちな『インスタ映えしているだけの商品』に対しての、アンチテーゼ的な意味合いもございます」

なぜネガティブな表現を使ったのかをこのように説明したのです。

ネガティブ表現を活用するときは、ただネガティブで終わらせない工夫があるとより付加価値が届きやすくなるので、ネガティブな表現はこんな感じでも使われています。

「痛い！　でも効果はある！」

「老化は止めることができません。でも遅らせることはできます」

「とにかく辛い。でもやめられなくなる」

「超ハード。でも結果は出ます」

「古臭いかもしれません。でもこれこそ本物なんです」

こんな感じで、ネガティブ表現の後に、「でも」をつなげることで、ネガティブ表現が付加価値の「フリ」になり、付加価値を強めることができます。

「インパクト化」の場合、ひとつの型になるのがこのパターンです。

ネガティブ表現＋でも＋プラス表現

この型を使うことでインパクトのある表現をつくることができ、付加価値がより伝わりやすくなります。

世の中では付加価値戦争が起きている

野球では戦争に関わる用語がよく使われています。死《し》（アウト）、死球《しきゅう》（デッドボール）、刺《さ》す（アウトにする）、遊撃手《ゆうげきしゅ》（ショート）、右翼《うよく》（ライト）、左翼《さよく》（レフト）という具合に、数々の物騒な用語が使われています。

同じように、ビジネスの世界でも戦争に関わる用語がよく使われます。戦略という言葉も、もとは軍事用語です。

野球でもビジネスでも、戦争用語がよく用いられるのは、やはり戦いだからです。

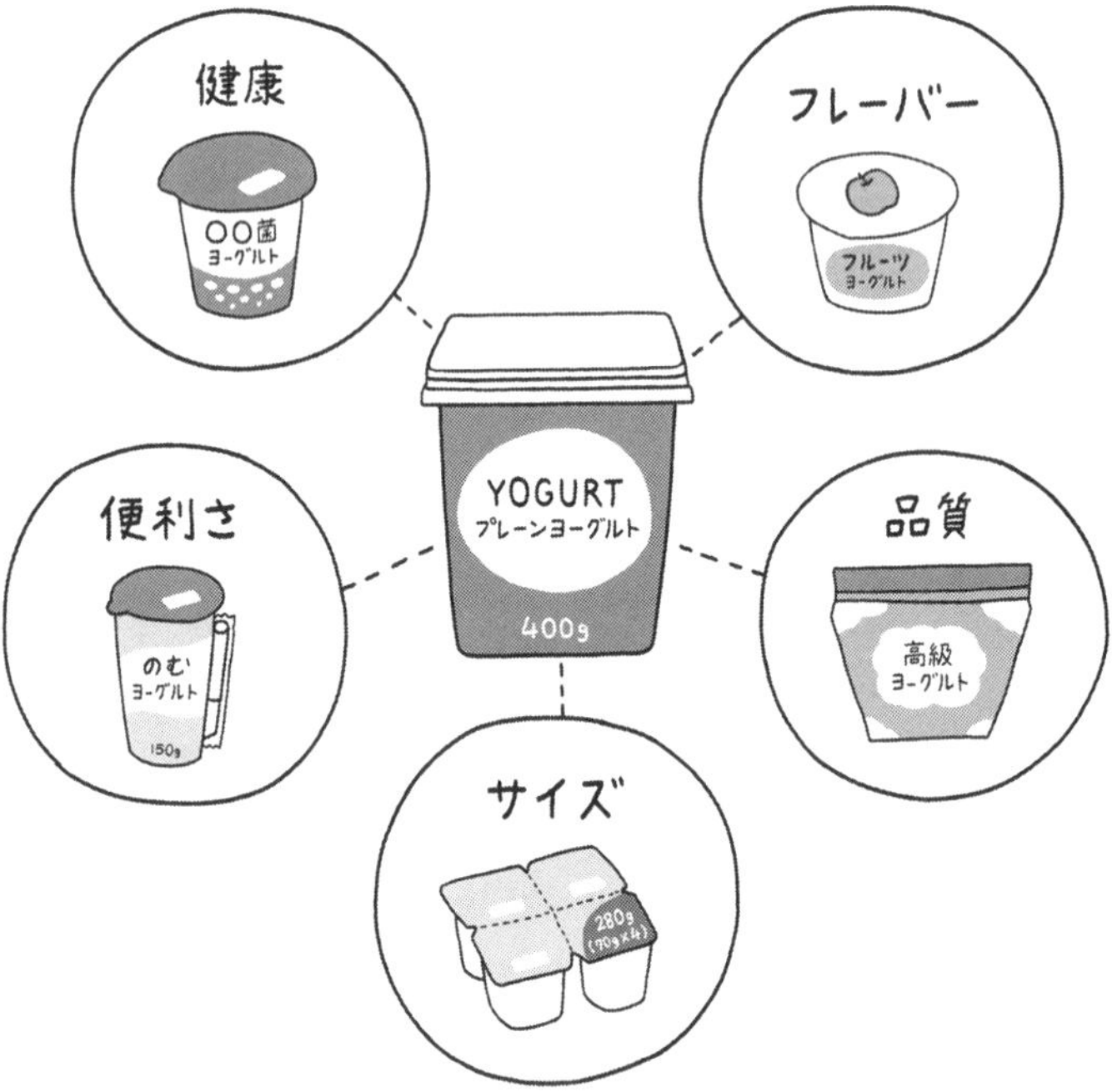

ビジネスでは、競合商品と競い、シェアを高めるなど、数々の戦いが行われていますが、特に今、主戦場になっているのが「付加価値戦争」です。

たとえば、食品業界を例にとると、もう**付加価値のオンパレードです。**

まず目につくのは、

「健康の戦い」です。

健康はみんなの願いですが、食料品からお菓子、飲料まで、やれ機能性表示食品だの、やれ低カロリーだの、高たんぱくだの、とにかく機能がうたえる商品は、機能表示しまくりです。

最近の傾向でおもしろいのは、たとえばジャンクフードと呼ばれるものにまで健康の付加価値がついていることです。罪悪感を軽減するという効果を狙っているのだと思いますが、付加価値戦争はかなりのところまで来ています。

他には**「フレーバーの戦い」「便利さの戦い」「サイズの戦い」「品質の戦い」「安心安全の戦い」「時短の戦い」**そして、**「価格の戦い」**。

「サイズの戦い」は、かなり激しく、細かくなっています。

たとえば小パッケージ化。食パンの2枚入りタイプ（以前は最小単位が3枚だったそうです）、ラーメンの袋めんも5つ入りから3つ入りに。

ひとり暮らしが増えていることが背景にあるようですが、付加価値は多方面でつくることができるというわけです。

付加価値はどんどん変化していく

以前であればここまでの付加価値戦争は起きていませんでした。時代とともに付加価値の重要性が増してきたのです。

気をつけたいのは、**昨日の付加価値が今日の付加価値とは限らない**ということ。時間経過とともに変化するのが付加価値です。付加価値だと思っていたものが、既存価値になっていたり、不要価値になっているかもしれません。

付加価値、既存価値、不要価値、この3つの価値を考えるうえでわかりやすい事象があります。「ブーム」です。

近年ではタピオカドリンクがブームになったり、僕が若いころにはワンレンボディコンブームなんて時代もありました（ワンレンボディコンブーム、知らない人もいるかもしれませんが、すごいブームでした。ワンレンボディコンの女性がたくさんいました）。

ブームは、３つの価値の変遷で成り立っています。

ブームになりはじめ　↓　付加価値に
ブームの途中から終盤　↓　既存価値に移行
ブーム終焉　↓　不要価値に移行（もしくは既存価値のまま）

付加価値↓既存価値↓不要価値、という道を歩むのがブームなのです。

これがブームで終わらず、定番化したものは、**付加価値↓既存価値**でとどまったものです。

なぜ人はコンビニに行きたくなるのか

僕らは付加価値に囲まれて生きています。

よくこんな話をしている人がいます。

「コンビニは値段がちょっと高い。スーパーやドラッグストアで買ったほうが安い」

たしかにそうかもしれません。

それでは、**なぜ人はコンビニに行くのでしょうか？**

ここにも付加価値が潜んでいます。

コンビニの付加価値は何でしょうか？　僕がコンビニの付加価値だと思うひとつ、そしてかなり強い付加価値になっているなと思うのがこれです。

「期待感」という付加価値

これが来店動機を生んでいるんじゃないでしょうか。

たとえば、ペットボトルの緑茶を買いたいという明確な購入動機がある場合、目の前にコンビニとスーパーがあったら、値段が安いであろうスーパーを選ぶのではないでしょうか(最近はコンビニでも価格をおさえたものもありますが)。**購入動機が明確な場合は、品揃えや価格が選択基準の上位に来ます。**

一方で、何かを具体的に買いたいわけではなく、何か新しい商品はないかなといったときは、どうでしょうか。

コンビニに行けば何かあるかもといった期待感。これはつまり、**購入動機より来店動機が強い、**というわけです。

コンビニの強さは来店動機が強いところにあるのではないでしょうか。

この来店動機を生み出しているのが、付加価値です。

「行けば何か新しくて魅力的な新商品がありそう」「欲しいものに出合えそう」など、コンビニには多くの人が持っている付加価値のイメージがあります。

この付加価値のイメージが重要です。

付加価値のイメージをより強めていこうと、新しい付加価値を生み出していく。**付加価値のミルフィーユをつくっていくことで、イメージの積み重ね＝ブランドができあがっていきます。**

こういった考えは、何も商品やサービスに限った話ではありません。

たとえば、好きな人がいて、付き合ってほしいと思ったとき。

いきなり相思相愛になれればいいのですが、そうならないときは、自分が好きな相手に提供できる**「付加価値のミルフィーユ」をつくる手もあります。**

仕事で人間関係を深めたいときも同じです。

時間は必要ですが、付加価値ミルフィーユを提供することで、相手に自分の付加価値が伝わっていき、あなたというブランドが醸成されていくはずです。

ここでは「醸成」という言葉を使いましたが、醸成は酒や味噌、しょう油などをつくることにも使われる、時間軸が含まれた言葉です。「徐々につくっていく」というニュアンスが含まれています。


ブランドは即座にできるものではなく、時間の積み重ねが必要です。

自分ブランドも同じ。時間を積み重ねながら、相手に信頼を感じてもらう。これは人間関係構築の基本でもありますよね。

優秀な営業パーソンは目の前の結果にとらわれない、と言われています。すぐに結果を出そうとしても、それは付加価値の積み重ねにはならず、売り込みになってしまうからです。

時間軸を未来に向けて、付加価値を積み重ねていくことが、結局は成果に結びついていくのです。

僕らは付加価値を買っている

僕はチクワの天ぷらが大好きです！（宣言するほどのことでもないですが……）

そばやうどんにのせるマイ具材ランキングでも、長年1位を獲得しています。好きな食べ物は？　と聞かれたら、「チクワの天ぷらです！」と答えます。もちろん、天ぷらに青のりをちらした「チクワの磯辺揚げ」も大好きです。

ある日のスーパーでのことです。お総菜コーナーをのぞくと、「イカの磯辺揚げ」という商品がありました。

イカの磯辺揚げ、うまそう。頭の中でイメージがふくらみます。そして即購入。おいしくいただきました。

さて、です。**僕がイカの磯辺揚げを買った理由は何だったのか、**後で考えました。

チクワの磯辺揚げが大好き
←
イカバージョンも、きっとうまいはず
←
なぜならぼくはイカも好きだから

こういう思考の変換が頭の中であったはずです。

つまり、**僕はイカの磯辺揚げを買ったのですが、実は、チクワの磯辺揚げに付加価値がついたものだから購入していた**のです。

ベースにあるのはチクワの磯辺揚げです。磯辺揚げの具材を変換してイカにした。これを**「付加価値のピボット」**と呼びます。

ピボットとは本来は回転軸の意味ですが、ビジネスの世界では「方向転換」「路線変更」などの意味で使われています。

結局、僕は付加価値を買っていたのです。

ここで、やっと本題に来ました。そうなんです。実は買い物の多くは「付加価値」を買っています。

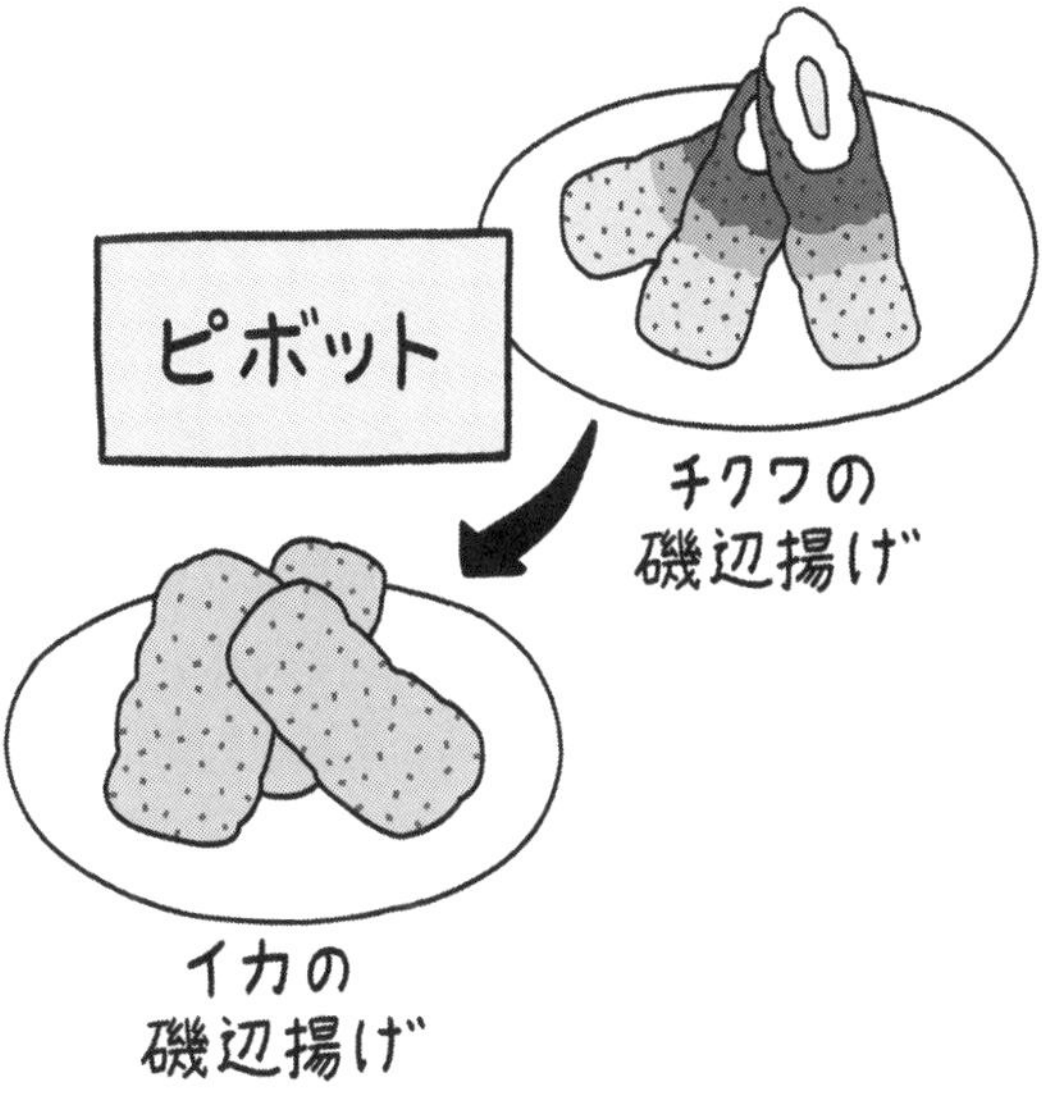

期間限定の○○○○○
その場所でしか買えない○○○○○
こうした付加価値が、興味を生み、購入へとつながっています。

付加価値を買っているので、その付加価値が期待外れだと、マイナスに強く感情が働きます。

「がっかり」が生まれる構造は、付加価値にも関係しています。

世の中に「がっかりメシ」がある理由

旅行の楽しみのひとつが、食事です。僕は年々食べられる量が減っていて、旅先ではいつも「もっと食べられたらいいのに……」と残念に思っています。

魚介類がおいしいエリアを旅行したときのことです。

郵便はがき

おそれいりますが
切手を
お貼りください

141-8210

東京都品川区西五反田3−5−8
株式会社ポプラ社
一般書編集部　行

お名前	フリガナ	
ご住所	〒　　-	
E-mail	@	
電話番号		
ご記入日	西暦　　年　　月　　日	

上記の住所・メールアドレスにポプラ社からの案内の送付は必要ありません。□

※ご記入いただいた個人情報は、刊行物、イベントなどのご案内のほか、お客さまサービスの向上やマーケティングのために個人を特定しない統計情報の形で利用させていただきます。

※ポプラ社の個人情報の取扱いについては、ポプラ社ホームページ（www.poplar.co.jp）内プライバシーポリシーをご確認ください。

ご購入作品名

■この本をどこでお知りになりましたか？

□書店（書店名 ）

□新聞広告　□ネット広告　□その他（ ）

■年齢　　歳

■性別　　男・女

■ご職業

□学生（大・高・中・小・その他）　□会社員　□公務員

□教員　□会社経営　□自営業　□主婦

□その他（ ）

ご意見、ご感想などありましたらぜひお聞かせください。

ご感想を広告等、書籍のPRに使わせていただいてもよろしいですか？

□実名で可　□匿名で可　□不可

一般書共通

ご協力ありがとうございました。

メニューにはおいしそうな魚料理が写真付きで載っていました。いろいろ迷いながらも、盛りだくさんの魚介類が入っている海鮮丼を注文しました。

待っていると、料理が運ばれてきました。

「さあ、来たぞ、食うぞ」と、お腹の期待感がふくらみます。

運ばれてきた海鮮丼を見た次の瞬間です。

「？？？」

たしかに「？」が3つくらい頭に浮かびました。

「あれ？　僕が頼んだ海鮮丼は、魚介類が山盛りだったけど？」

運ばれてきた海鮮丼は、何だか魚がペタっとしていて、盛りだくさん感はゼロ。メニューの写真と実物の印象がまったくの別物です。

気持ちを冷静にして写真と実物を比べてみると、入っている魚介類の種類は同じでした。でも、ひとつひとつの厚みはまったく違う。実際に来た海鮮丼の刺身はペラペラでした。

こういった料理を、僕は**「がっかりメシ」**とネーミングしています。期待を存分に高めておいて、実物は期待はずれ。**マイナス方向の付加価値化**です。

もちろん原価が高くなっていたり、人件費がかさんだりといろいろな事情はあると思います。でもこれだと、目先のことばかりで、商売の継続性という視点で見たら、やはりマイナスなんじゃないでしょうか。

こういったマイナス付加価値に遭遇することは、ときどきあります。

そして、マイナス付加価値に遭遇したときにほぼ感じるのは、**提供サイドの「付加価値をお客さんに届けよう」という思いが見えない**ことです。提供側の事情でできていることが透けて見えて、喜んでもらおうという思いを感じられないのです。

期待を大きく超えてなくていいんです。

でも**「期待のちょい超え」はしてほしい！**

期待をちょい超えする付加価値をつくる。

それだけでも、「頼んでよかった」「来てよかった」「買ってよかった」という喜びが生まれるはずです。

「ちょい付加価値」で満足度が大幅アップ

「ちょい付加価値」を感じさせてくれる餃子チェーンがあります。

「ぎょうざの満州」、埼玉県生まれのチェーンで、キャッチコピーは「3割うまい」。

「おいしさ200%」とか「感動のうまさ」ではなく、「3割うまい」に「ちょい付加価値」を感じます。

この3割うまいには、原材料費や人件費、経費を3割ずつにしたバランスのいい経営をしているという意味もあるそうですが（※7）、このコピーから伝わるのは「ちょい付加価値」です。

「感動のうまさ」と言ってしまうと期待感を上げすぎてしまい、実物がたとえおいしかったとしても、「感動まではないな」とマイナス付加価値になってしまうリスクもあります。

テレビのバラエティ番組を制作する人がこんなことを言っていました。

「おもしろすぎるとか、最高に笑えるみたいな表現を番組内で使ってしまうと、視聴者のハードルが上がってしまい、『おもしろかったけど、最高に笑えるほどじゃなかった』みたいなイメージになってしまうので、過剰な表現で視聴者のハードルを上げすぎないように気をつけています」

付加価値は売りになるので強く言いたい。でも、**言いすぎるとハードルが上がってマイナス効果になりかねない。**

「ちょい付加価値」は、塩梅のよい付加価値になります。

「ちょい付加価値」が評価を受けることはよくあります。

たとえば、枕を選べるサービスをしているホテルがあります。何種類もの枕を用意し、宿泊客の好みで自分に合った枕を選べる。快適さを追求した付加価値です。

同じように、温泉旅館で数ある中からゆかたを選べるサービスを提供しているケースもあります。

飲み終わった後につぶせるペットボトルを採用しているドリンクは、環境意識の高い人にとって、ちょい付加価値になっています。

「ちょい付加価値」を数多く提供できれば、積もり積もって大きな付加価値になっていきます。

ちょい付加価値も積もれば山になるのです。

第3章

自分の付加価値をつくる

転職の面接で落ち続けた知人の大きな誤解

ここでまた問題です。

次の言葉（文章）には明らかな間違いがあります。その間違いを指摘してください。

転職活動中のAさんの言葉です。

「転職活動で何社も面接を受けているのに、どこにも通らない。面接に落ちてばかりの自分は価値がない人間だ」

これは以前、知人が転職活動をしていて、なかなか採用が決まらないときに話していた内容です。知人が自分のことを「価値がない人間」と言っていたことが気になりました。

もちろん価値がない人間なわけはなく、ただ転職がうまくいかないだけです。

間違った答え

「転職活動で何社も面接を受けているのに、どこにも通らない。面接に落ちてばかりの自分は価値がない人間だ」

ここが間違い→

正しい答え

「転職活動で何社も面接を受けているのに、どこにも通らない。面接に落ちてばかりの自分は**付加価値づくりが足りない人間だ**」

面接にもいろいろありますが、知人が受けていたのは採用数が少ない難関企業でした。

面接で求められるのは、想定内の価値ではなく、想定を超えた価値を提供できる人。つまり、付加価値を持っている人です。


残念ながら知人はその部分が弱かったんだと思います。

でも、それは「価値がない人間」ではありません。

面接でなかなか通らないと自信をなくし、自分自身の価値を疑う人が出てくることはわかるのですが（僕もそうだったので）、価値がないわけではありません。


その会社が求める付加価値を持っていなかっただけなのです。

ここは、はき違えないようにしてほしいところです。


逆に言えば、面接に強い人は、意識しているか無意識かはわかりませんが、付加価値づくりがうまい人なのです。

どんな性格も自分の強みに変わる

こんな相談を受けたことがあります。

営業の仕事をしている彼女には悩みがありました。

「自分には強みがないどころか、むしろマイナスばかり。仕事でも、なかなかお客様を口説くことができなくて、営業成績もよくない。ダメなんです……」

努力してもなかなか成績が上がらず、かなり落ち込んでいるようでした。

詳しく聞くと、彼女の悩みはこんなところにありました。

- **自分には人と比べて強みになる点がない**
- **コミュニケーションにも自信がなく、なかなかお客様に食い込めない**
- **競合会社に営業でよく負ける**
- **結果、営業成績がよくない**
- **自分は営業に向かない性格**

なるほど、悩む理由もわかります。自分の性格に課題があると考えているようでした。

でも、よく話を聞いていると、僕は**彼女が弱点だと思っている部分が、実は強みなんじゃないか**と思いました。ただ、それを自分の強みだと認識していないだけなのだと。

僕はこう考えます。

どんな「性格」も強みにできる、と。

一見弱みに見える性格でも、視点を変えたら強みになる。このことは76ページの僕自身の事例でも紹介しました。

性格を変えるのは簡単じゃありません。もちろんできないことではないですが、相当の努力がいりますし、時間もかかります。

であれば、**性格を変えるのではなく、自分の性格の中から「強み（付加価値）」を見つけ出し、そこを磨くほうが何倍も楽**なはずです。

たとえば、この彼女の場合、「コミュニケーションにも自信がなく、なかなかお客様に食い込めない」というところが悩みの根源です。

そこで思考を止めずに、「コミュニケーションに自信がない」という部分を深掘りしていきます。

「なぜコミュニケーションが苦手だと思う？」と聞くと、こんな回答でした。

「相手のことを考えると、私の提案することが相手に迷惑になるんじゃないかと思ってしまうんです」

「その提案内容を相手のためにならないと思いながら提案しているんですか？」

「いえ、そんなことはないです。提案自体はいい内容だと思っています。お客様にとってもプラスになる内容です。でも、何だか人にそれを勧めることがおこがましく感じて……」


こうやって、「コミュニケーションに自信がない」を深掘りしながら、その解像度を上げていくと見えてくることがあります。

・提案の内容には自信がある
・相手に勧める、売り込むということに抵抗がある

これが、コミュニケーションが苦手という言葉の構成因子です。

この構成因子を相手ベース(クライアントベース)で考えてみるとどうでしょう?

「ただ売り込みに来る営業より、自社のことを本気で考えてくれる営業の人のほうがいい」と思うんじゃないでしょうか。

つまり、彼女には相手サイドから見たら「魅力」になっている部分が存在しています。

でも、そのことに彼女自身が気づいていないので、その部分を伝えることもしていません。

せっかくの付加価値が、相手に届かず不要価値になってしまっているのです。

であれば、やることはシンプルです。

相手のことを本気で考えていることが伝わるにはどうしたらいいか、そこを考えていけばいいのです。

提案内容に、提案先を研究しつくしていることがわかる資料を添えるのもいいかもしれません。直接のプレゼンが苦手ならば、納得感の高い資料をつくることに集中するのもいいかもしれません。

自分の苦手よりも、できる部分にスポットを当てて、そこを磨くわけです。

要は**どの視点から見るかの違い**です。

自分の悪いところを見つけて悩むより、付加価値になるところを見つけてそこを磨くほうが、心にもいいし、人にも伝わりやすいですよね。

自分には強みがない、性格が営業に向いていない……、そんな認識を変えることはできます。**強みを開発する方法はある**のです。

『「静かな人」の戦略書』（※8）という本が、以前ベストセラーになりました。

仕事の世界では、明るい、外向き、元気などは評価の対象になりやすい特性です。逆に、暗い、内向き、おとなしいは、マイナスに思われる特性かもしれません。でも、本当にそうなのでしょうか？

有名経営者の中には内省的な人もいますし、おとなしいけれど人からの信頼が厚い人もいます。要は、**今の自分の性格を強みにするにはどうしたらいいか**をまずは考えればいいのです。

その問いかけからスタートしていけば、どんな性格も自分にとっての強みになるはずです。

- **おとなしい　↓　内省的**
- **優柔不断　↓　熟考型**
- **仕事が遅い　↓　仕事が丁寧**
- **自分の意見をうまく話せない　↓　資料にまとめて、気持ちも伝える**
- **会話でのコミュニケーションが苦手　↓　文字で伝えるコミュニケーション**

視点を変えれば、見えてくる景色は変わる。
喜劇王チャップリンは「視点の価値」について、おもしろい言葉を残しています。

「人生は近くで見ると悲劇だが遠くから見れば喜劇である」

（チャールズ・チャップリン）（※9）

視点を変えるだけで世界は変わり始めるのです。

自分の付加価値は何か？

73ページで集団面接が苦手だった話を書きましたが、仕事を始めてからも僕には暗黒の時代がありました。

20代のころです。出版社に転職して最初の1年はまさに暗黒でした。

理由は「仕事がまったくできないから」。

うまくいかないことが多く、失敗の連続でした。

雑誌の編集をしていたのですが、企画を何本出しても会議でオールボツ。取材に行っても相手を怒らせ、原稿が締切に間に合わず上司からも怒られてばかり。そんな暗黒時代が1年以上続いたのですが、そこに光が見え始めたタイミングがありました。

雑誌の企画は、企画会議で議論されます。編集部のメンバーが各々企画を持ち寄り、それぞれの企画について編集長はじめ参加メンバーで議論します。

会議の様子を1年間見続けてきた中で、気づきがありました。

それは、会議で提案される企画のほとんどが、提案者が「自分がおもしろいと思った企画」や「自分の興味がある企画」だということでした。

そこで、この中で自分の企画を通すには、独自の視点が必要だと思い、自分は違う視点で提案をしようと思いつきました。

それが**「お客さんの視点」**です。

お客さんの視点なんて、今となっては当たり前のことなのですが、当時（90年代）の雑誌の世界では「自分の好きなことをやることがいい」という空気感がありました。

そこに思い切って、「お客さん視点」を持ち込んだ企画を提案してみたのです。

すると、**自分を取り巻く状況が劇的に変化**していきました。

なんと、企画がどんどん通るようになったのです。

さらに雑誌に掲載されたその企画が、読者からの人気投票で上位に来るようになりました。

このとき、僕は「自分の付加価値」を発見しました。

周りの人が「自分視点」で考える傾向にある中で、「お客さん視点」で考える自分は、そこが付加価値になると。

急に能力が上がったわけではありません。ただちょっと視点を変えただけでした。

それだけで、こんなにも自分を取り巻く状況が変化することに驚きました。

自分の付加価値を言語化する

「自分の強みが何かわからない」という悩みを持っている人は多いようです。先ほどの営業活動に悩みを抱える彼女の相談もそうでした。

自分の強みは何か？

これをすぐに答えられたら、それは自分の付加価値をわかっている人です。

自分の付加価値は、就職や転職活

動中なら頻繁に考えるかもしれませんが、そうでなければ日常の中では考える機会はそんなにないかもしれません。

会社に勤めていれば、周りはあなたの仕事ぶりがわかっているでしょうし、そこまで自分の付加価値を意識しなくても仕事は回っていくでしょう。

ただ、一歩外に出ると自分の付加価値は強力な武器になります。

たとえば、営業パーソンの場合。

営業先では、商品やサービスの魅力だけで戦っているわけではありません。営業する人自身が持っている付加価値も、相手の判断基準のひとつです。

だから、自分の付加価値を言語化できるようにしておくことは、成果につながる行為です。

でも、**自分の強みを自分で見つけるのは、実はかなり難しい。**

なぜなら、**強みとは比較によって生まれるもの**だからです。

たとえばテストがあって、英語の点数が人よりいいから自分は英語が得意、というのならばわかります。

比較が数値化されているからです。これが偏差値の考え方です。

一方で、たとえば自分は粘りがある諦めない人間だというのが強みだと思ったとしても、**「粘り偏差値」は存在していないし、他人がどれだけ粘り強いのかはなかなかわかりません。**

つまり、自分ではそれが強みだと思っていても、もしかしたらただの思い込みかもしれないのです。

もうひとつ、自分で自分の強みがわかりにくい構造があります。

それは、他者と比較して強みになっているようなことでも、**自分にとっては普通のことすぎて、強みだと気づかない**場合があるのです。

たとえばおいしい料理がつくれる人は、そのおいしい料理が普通なので、自分がどのくらい料理上手かはわからないかもしれません。家族の料理をいつもつくっている人は、かなりの腕前であってもその価値に気づかない人もいます。

そこで必要なのは、**他者視点**です。

他者視点を得たいならば「人に聞いてみる」のが簡単な方法です。自分ではわからないことは聞いてみることです。

でも、「自分の強みってどこだと思う?」と聞くのは、恥ずかしいかもしれませんね。僕も恥ずかしくてずっと聞けませんでした。

どうやって人に聞いたらいいか?

いくつか方法があります。

ひとつは**自分の悩みを入り口に聞いていく方法**です。

「最近、自分に自信が持てなくて、自分の強みとかいいところがわからなくなってるんだけど、もし何か気づいたことがあったら教えてもらえないかな」

こんな感じであれば、そこまで恥ずかしくないかもしれないですよね。

他には少し勇気がいりますが、こんな聞き方もあります。

「自分の強みとか、いいところを知りたくて、何でもいいから5つ、そういう点を教えてもらえないかな」

僕はひとつ目の方法で人に聞いたことがあります。

すると、自分では気づかなかった点を指摘されることもあり、やはり他者視点は大切だなと実感しました（教えてもらった内容はちょっと恥ずかしいので、ここでは控えさせてもらいます）。

自分の付加価値を
言語化して、それを
自分の強みにする！

うまくいかない人の共通点は付加価値が足りないこと

うまくいく人と、うまくいかない人の違いについて、さまざまな人がその研究をしています。

そこでよく言われているのはこんなことでしょうか。

うまくいく人	うまくいかない人
・行動力がある	・考えてばかりで行動しない
・結果が出るまで粘り強く続ける	・すぐ諦める

- 失敗を学びとして活かす
- 変化に対応する
- 自分に矢印が向いている
- 人間関係の構築がうまい
- 目標設定の解像度が高い
- 学び続けている
- 感情コントロールがうまい
- 自分を成長させる環境を選ぶ
- 長期的な視点で物事を判断する
- 期限を決めて決断する
- 健康や時間の自己管理をしている

- 失敗そのものを恐れて挑戦しない
- これまでのやり方に固執する
- 他人や環境のせいにする
- 孤立しがち
- 目標設定が漠然としている
- 現状維持で学びの意識が弱い
- 感情に振り回されやすい
- 環境に流されやすい
- 短期的な視点で判断する
- 決断を先延ばしする
- 自己管理が苦手

いろいろな因子がありますが、これらを分析すると、「うまくいく人」には5つの「成功視点」があることがわかります。

それは、**①「行動視点」、②「継続視点」、③「俯瞰視点」、④「選択視点」、⑤「自分矢印視点」**です。

一方で、うまくいかない人は付加価値をつくることよりも、目の前のこと（緊急度が高いこと）やすぐできること、やりやすいことを優先しています。

ではそういううまくいかない人が成功視点を身につけるにはどうしたらいいのでしょうか？

すぐにできる方法があります！
それは「自分への問いを変えること」です。

「問いを変える」と言われても、いまいちわかりにくいかもしれないので、具体的に説明します。

たとえば、商品が売れないという悩みを持っている人が起こしがちな「間違い」があります。

営業の仕事をしているAさんは、最近自分の営業成績がいまひとつなことが悩みの種でした。

「こんなに頑張っているのに、どうして売れないんだろう?」

いつもそのことを考えていました。

売れない理由は、競合商品との差別化が足りないからだと考え、競合商品との違いを細かく割り出していきました。

また、顔を出す頻度が足りないからだとも思い、頻繁にお客さんの会社に顔を出すようにしました。

実行に移してしばらくしても、なかなか成果が出ません。

Aさんはさらに考えました。「どうして売れないんだろうか?」

そして、また思いつきました。「値段を下げれば売れるはずだ」

利益を削り、値下げを断行。それでも、売り上げにはあまり変化がありません。

途方に暮れたAさんでしたが、Aさんは何を間違えていたのでしょうか？

Aさんの間違いは、「問い」にありました。

売り上げを上げるために必要な要素を見つけようとしていたのですが、その要素の導き方が違っていたのです。

Aさんは**「どうして売れないんだろう？」**という問いを立てました。

でも、ここで立てるべきだったのは別の問いです。それは、**「どうしたら売れるんだろう？」**です。

「どうして売れないんだろう？」と「どうしたら売れるんだろう？」は、同じことを言っているようにも思えます。

どうして売れないのか？　どうしたら売れるのか？

似たような問いですが、実は同じではありません。

理由は脳の特性にあります。**脳は、問いを与えられるとその正解を探そうとする**のです。

●どうして売れないのか？　↓　売れない理由を探す　ダメなところが見つかる

●どうしたら売れるのか？　↓　売れるためのポイントを探す　付加価値が見つかる

このちょっとした違いに気づかず、ついついAさんのように考えてしまうことは、日常でもよく起きています。

Aさんは売れない理由を考えて、「商品の差別化」「営業の頻度」「価格」という要素を発見しました。そしてその3つの要素を強化すれば売れるはずと思ったのです。

それでも売れなかったということは、お客さん側が欲しかったのは、付加価値だったからではないでしょうか。

「差別化」ではなく「付加価値化」

「営業の頻度」ではなく「営業の付加価値化」

「コストダウン」ではなく「付加価値に見合った価格」


それらは、「どうしたら売れるのか？」という問いをしていればたどり着いた回答です。

問いを変えるだけで、結果は変わります。


問いを立てるときに大切なのは、付加価値を軸に考えることです。

付加価値という軸がないと、営業の現場ではこんなことも起きるかもしれません。

「売れないのは商品のことを詳しく説明できていないからかもしれない」

そう考えて、商品の説明をただひたすら詳しくする。

商品のこだわりやスペックの説明など、売る側の視点であれこれと説明してしまうので、聞かされるお客さん側からしたらちょっとうんざりです。「私の知りたいことだけ教えてよ！」となってしまうかもしれません。

一方で、**付加価値軸**を持っている人ならばこう考えます。

「売れないのは、お客さんに付加価値が伝わっていないからかもしれない。お客さんにとっての付加価値を伝えよう」

この差が結果を左右します。

仕事で言われたことだけをやるのではダメな理由

「仕事は言われたことだけをやっているのではダメだ！」

これは新入社員時代に先輩からよく言われた言葉です。当時はこの言葉の意味がよくわかっていなかったのですが、今ならよくわかります。

なぜ言われたままだとダメなのか。それは付加価値がないからです。前にも書きましたが、**付加価値がない仕事は、ただの作業になってしまいます。**

仕事には、作業と付加価値づくりの2つがあります。

付加価値を生み出し、その対価でギャラをもらうか。付加価値を生み出さずに作業をして、対価でギャラをもらうか。

この視点で**あらためて自分の仕事の付加価値を考え直してみると、ただ漠然とこなしていた仕事が、大きく変わる**かもしれません。

- 会議や打ち合わせのときの自分の付加価値は何か
- お客さんに提供できる付加価値は何か
- 経理の仕事で自分が生み出せる付加価値は何か
- 自分が発信するメールやチャットの付加価値はどこにあるか

自分の仕事が生み出す付加価値を考えると、仕事ぶりも自ずと変化するはずです。

たとえば、**メールの送信相手にちょっとした元気づけをしたい（付加価**

値）と思うならば、ポジティブな内容のメールを送る。

「今週のポジティブ名言」などをつけて、メールを送るなんて、ありかもしれませんん（お寺に「今月の言葉」があるみたいに）。

まずは付加価値をつくろうと思うところからスタートです。

付加価値は自己表現でもある

僕がまだ編集の仕事を始めたばかりで、四苦八苦していた20代のころ、先輩から言われたことが、今でも心に残っています。

「柿内、今はチームの中で一番下のポジションにいるけど、だからといって言われたことだけをやっているのではダメだ。今のポジションの視点だけで考えるのではなく、君の上司の視点にも立って考える習慣を身につけろ。必ず役に立つから」

先輩からもらったこの言葉を大切にしたおかげで、自分の視点だけでなく上司の視点など、できるだけ視点を広げて考えるクセがつきました。


ただ言われたことだけをやり続けていると、付加価値を提供するのが苦手になってしまうリスクがあります。


ショートケーキをつくるときをイメージしてください。

土台となるスポンジは、やらないといけない最低限の基本部分です。そこにどんなクリームを使うか、どんなフルーツを使うか、どのくらいのボリュームにするかを考え、実行する部分。これが付加価値部分です。

先輩の言葉は、頼まれた仕事がスポンジづくりだったとしても、ただスポンジのことだけを考えるのではなく、クリームやフルーツのこと、さらには食べるお客さんの喜ぶ顔まで考えて仕事をしろ、という教えでした。

コラム

「説明する」は危険ワード

会議や打ち合わせでよく使う言葉、それが「説明する」です。

「もう少し詳しく説明してもらえますか？」「これからプランについて説明します」など、頻繁に使う言葉です。

僕はこの「説明する」という言葉は気をつけて使わないといけないと思っています。

なぜ「説明する」が危険な言葉なのか？

それは、**「説明する」は中身を伝えるという意味にとらえられる**からです。

仕事の現場では、ただ中身を知りたいのではなく、付加価値を知りたいことがよくあります。

説明には

1　中身を伝える

2 付加価値を伝える

という2つの意味があるのです。

もしあなたが**2**の意味で「説明してほしい」と相手に伝えたとしても、相手は**1**の意味だと思い、ただ中身の説明を始めるかもしれません。

僕らは言葉を使い、言葉に左右されて生きています。

よく使う言葉には、実はいくつかの意味があるのに、違う意味で使ってしまっていることがよくあります。それが**「曖昧言葉」**です。抽象度の高い言葉は、特に伝わらない可能性があります。

「説明する」以外にも、こんな言葉が**「曖昧言葉」**です。

やっておいてください／任せます／考えてください／対応をよろしく／できる範囲でお願いします／検討してください／急ぎじゃないので／適当にお願いします／いい感じで

たとえば上司から「この件を任せた」と頼まれた場合。

任されたからには、自分の考えをベースに進めればいいと思い、仕上げて上司に提出。すると上司から、「これじゃダメだ。やり直し」と言われた経験をしたことはないでしょうか。

任せたのだから後から口出しをしないでほしい。そんなことを思った人もいるかもしれません。


ここでポイントになるのが、**「任せる」の定義**です。

あなたにとって「任せる」は、自分が責任を持ち、自分の考えで進めることだと思うかもしれません。

でも、上司にとっての「任せる」はあなたが責任を持ち、あなたの考えで、付加価値を生み出すこと。そういう意味で使っている可能性があります。

つまり、あなたが提出したものに対して「付加価値があると思えない」からやり直しになったわけです。

ここで気をつけたいのは、上司とあなたの間でこの案件の付加価値をどう考えるかのすり合わせをすること。これがないままに進めてしまうと「任せる」の認識違いが生まれるのです。

そもそも、仕事とは「付加価値をつくること」と定義しておけば、認識違いは起きにくいはずです。

どんな場合も、**付加価値軸で考える**、を忘れないでください。

あるケーキ屋さんでのことです。

「うちのシフォンケーキは、焼き方が普通と違うんです。特別な製法の〇〇〇〇法というやり方で、この製法を使っているケーキ屋さんはほとんどないと思います。〜〜」

（〇〇〇〇の部分はまったくわからなかったので、僕には聞き取れませんでした）

このケーキ屋さんはただ説明をしているだけで、シフォンケーキの魅力を語っているのではありません。

ケーキの製法に関してまったくのシロウトである僕に、焼き方が違うという説明をしたところで、「そのケーキが食べたい！」にはなりません。

説明をしてほしいのではなく、ケーキの魅力を教えてほしいのです。

まさに付加価値づくりのコンセプトです。

付加価値軸で考えるとは、「付加価値は何か？」からスタートすることです。

第4章

付加価値をつくる考え方

付加価値づくりの達人がやっているすごい技術

ここまで、いかに付加価値軸で考えることが大切かを書いてきましたが、付加価値づくりがうまい人って、いますよね。

僕には**付加価値づくりの心の師匠**と勝手に呼んでいる人がいます。

それは、みうらじゅんさんです。

ゆるキャラブームを生み出したことは有名ですが、独特の視点で、これまでスポットが当たってこなかった、低付加価値&不要価値なものに注目し、新しい付加価値をたくさんつくっています。

みうらさんがつくった付加価値は、**「ゆるキャラ」「いやげ物」「マイブーム」「見仏記」「カニパン」「とんまつり」**などなど。

その**ネーミングセンスも抜群**です。

ここではその内容を詳しくは紹介しませんが、そこに目をつけるか！　というところに焦点を当て、ネーミングセンスで人の心をとらえていく。付加価値職人と呼びたくなる実績です。

みうらじゅんさんの思考のプロセスに付加価値づくりのヒントが隠されていると僕は思っています（僕もかなり参考にさせてもらっています）。

そのひとつが**「ポジティブ価値化」**です（ポジティブ価値化は、僕が呼んでいる名称なので、みうらさんがそう言っているわけではないのですが）。

「ポジティブ価値化」とは、**一見ネガティブに思えることに対して、視点を変えてポジティブ化していく方法**です。

長所と短所は「表と裏」と言われますが、たとえば小売りをしていて、**せまい店なので品数で勝負ができないときは、「セレクト」「厳選」とポジティブ価値化することができます。**

デジタルに対してリアルは「**体験価値が高い**」、「探しにくい」は「**迷宮化**」というように、マイナス要素をプラス要素に変換していきます。

視点を変えて、価値を生み出すのです。

この方法はコミュニケーションでも使えます。

「最近、めっきり老けた気がする」
「それは老けたんじゃなく、成熟しているんだと思うよ」

こんなコメントができる人、いいですよね。**一見マイナスに思えることをプラスに変える技術を持っている人**です。

フランスでは成熟していることが重視されるそうです。歳をとって老けたのではなく、年齢を重ねて成熟していく。

こういったポジティブ価値化は素敵です。

ちなみに、みうらじゅんさんは老いることに対して「老けづくり」「老いるショック」など、独自のワードを生み出しています。さすがです！

視点の当て方で付加価値が生まれる

付加価値をつくるきっかけは、「視点」から始まります。

視点をいろいろと変えることで、付加価値の要素が見つかるのです。


この「視点」、とても大切です。

なぜ大切かというと、**そもそも「考える」ということは「視点をさまざまな方向に向けること」からスタートする**からです。

視点を自在に操れる人は、考える力がある人です。

視点を変えると見える景色が変わり、付加価値も見つけられるのです。

何か新しいものをつくることだけが付加価値ではありません。ここまで書いてきたように、**すでにあるものの中に付加価値を発見することもできます。**まるで探検家がお宝を発掘するような感覚に近いかもしれません。

付加価値のもとは実はすでにあちこちに潜んでいるのです。

ただ、僕らはそこに付加価値があることに気づいていないない。ならば探検家が発掘するように、見つけたいテーマの周りにある付加価値という宝を発掘していけばいいわけです。

こう考えると、ちょっとワクワクしてきませんか？

付加価値発掘隊の隊長になる。発掘道具はこの本で紹介していくさまざまな技術です。

「自分ごと」にすることで付加価値が生まれる

10代のころ、僕が好きになった女の子は、ある曲が大好きでした。僕はそれまでその曲に対して何とも思っていなかったのですが、彼女が好きな曲ということを知ってからは、何度も何度もその曲を聴き、やがて大好きな曲になりました。

この曲に付加価値が生まれたのです。

もともとは関心がなくても、あるきっかけによって強い関心に変わる。

好きな人が好きな曲には、高い付加価値があります。

付加価値には接着効果があるのです。
それまでは関心がなかったことに、付加価値のおかげで関心が生まれるからです。

「つながり」が発生するのです。

そのつながりをつくるのが、**「3つのこと」**。
それは、**自分ごと、他人ごと、社会ごと**です。

たとえば、好きだった女の子が好きな曲は、それを知った段階で、自分ごとになります。

有名人が自分と同じ学校の出身だとわかると、急に親近感が生まれファンになってしまう。これもまさに自分ごとです。

他人ごとは、あなたに関わりがある人（家族、友人、同僚など）が関心を持っていること、つながりがあることを指します。

家族が好きな有名人は、自分も気になってしまう。こういう心情が他人ごとです。

社会ごとは、公の視点です。

環境にいいことをしたい。災害の被災者を支援したい。そういう心情は社会ごとです。

この「3つのこと」があると、付加価値が生まれやすくなります。

ちなみに、**付加価値化というとちょっと難しい印象がありますが、要はつながっていなかったもの同士をつなげていく行為**でもあります。

ある和菓子屋さんから、こんな話を聞きました。

その和菓子屋さんは店舗を構えているのですが、売り上げが徐々に下がっていて苦戦していたそうです。

そこで新商品を開発しました。といっても、まったく新しい商品をつくったわけではなく、お土産として使い勝手をよくしたのです。

具体的には、**自宅用として販売していたものをお土産用へと用途を変更。**お土産で配りやすいように「個包装」にして、パッケージもかわいく。すぐには渡せない場合のことを考えて、日持ちがするように製法も工夫したそうです。

そして、お土産で使いやすいことを店頭でアピール。

そうしたことによって、売り上げが大きく伸びたそうです。

また**「和菓子の高級化」**で、新たなお客さんをつかんだ和菓子店もあります。そこは手土産市場の中で、競合を高級フルーツや高級スイーツに設定し、高級和菓子で勝負しました。

高級である理由を明確にするために、素材にこだわり、ストーリーをつくり、パッケージも高級感を演出。

そのおかげでメディアで何度も取り上げられ、人気の手土産になったそうです。

こんな話を聞いたこともあります。

ある和菓子店は、**「訳あり」を逆手にとった戦略で人気になった**そうです。

この和菓子店の訳ありは、いわゆる「訳があって売れないもの」という意味ではありません。「お菓子の切れ端を訳ありとして売る」といったよくある「訳あり」とは、まったく発想が違うのです。

なんと、**「おもしろい訳」を自ら作成し、それを「訳あり」という言い方で商品化して話題になったのです。**

それが、訳ありのカステラで、このカステラ、中に和菓子の練り切りでつくったひよこが数匹入っていて、カステラの中からその姿が見えるという、これまでに例のないカステラです。

そして、そのことを「訳あり」と表現しています。

これがSNSで広まり、人気になったそうです。

訳ありをさらに付加価値化した、素晴らしいアイデアです。

ここで紹介した3つのケースはどれも、「つながり」を生み出しています。
手土産にすることは「他人ごと」として、訳ありは「自分ごと、他人ごと」どちらにもつながっています。

「3つのこと」を考えることも、付加価値を生み出すヒントになるのです。

「たった一人が喜ぶ姿」から考える

付加価値が大切だとわかっても、なかなか付加価値をつくることができないという相談を受けることがあります。

たしかに**理論がわかったからといって、すぐに実践できるわけではありません。**ゴルフのスイング理論がわかったからといって、ゴルフが急に上達するわけじゃないのと同じです。

それでもなるべく早く付加価値をうまくつくれるようになりたい人のために、**考え方のコツをここでひとつ伝授します。**

そのコツは、「**たった一人のことを考える**」ということです。

これまで多くの人を見てきて、**付加価値をつくることがうまくいかない人には共通した弱点がありました。**

それは「人の心があまり見えていない」という点です。


たとえばお客さんのことを想像するときに、頭の中にイメージしているのが漠然としたお客さんなのです（解像度が低い状態です）。

「ターゲットは、30代の女性で、東京都下に住んでいて、趣味は美容。休みの日は、自分を磨くために習い事をして、夜は友人と気になっているレストランに行き、……」


マーケティングの世界でよく言われる**「ペルソナを設定する」**という行為です。ペルソナを設定するメリットは、お客さんの解像度を上げて、お客さんのことを理解するためです。

ペルソナの設定が不要ということではありません。ただここに書いたペルソナは何だか絵に描いた餅のようです。

このペルソナ設定からは「**人の心情**」**がいまいち見えてこない**のです。

お客さんを具体的にイメージするときに不可欠なのは、お客さんの心情。言いかえれば、**本心や無意識の欲求**です。

このことを考えることで、はじめて見えてくることがあります。

では、本心や無意識の欲求を知るにはどうすればいいでしょうか。

僕がおすすめしたいのは、**たった一人を想定して、その人をキャラ化する**ことです。これは小説家や漫画家が作品をつくるときにやっている考えを参考にしたものです。

「登場人物を設定して、その人物がどう考え、どう行動するかを想像する。そうすると登場人物が勝手に動き出し、自分を導いてくれる」

この考えを付加価値づくりに取り入れます。

たとえば、大学受験生に向けた商品やサービスの付加価値化を考えるのであれば、一人の受験生をキャラ化してみるのです。そして、そのキャラがどう考え、行動するかをイメージしていきます。

もちろん、キャラ化した受験生を何の情報もなくイメージすることはできません。事前の情報収集は必要です。受験生に関するさまざまな情報をインプットするところから始まります。

気をつけたいのは、情報収集をした上で何となくわかった気になって、解像度が低い状態でペルソナを設定してしまうことです。

情報をインプットしたら、その対象に憑依する感覚で、その人物を動かしていきます。

そのキャラは今どういう気持ちでいるか、どんな欲求を持っているか、普段どういう行動をしていそうか、友だち関係はどうなっているか、家族との関係はどうか、未来にどういう希望を抱いているか……、考えていくとキリはないですが、そうやって具体的に解像度を上げていく。
まずは具体的な一人をイメージし、それができたら次の新しい一人をイメージします。

僕もこの手法をよく使っています。できるだけ具体的にイメージできるように、顔、格好などもイメージします。より想像しやすいように有名人の顔を当てはめることもあります。その人は頭の中でどんなことを考えているのか、どんな場所に出かけているのか、どんどんイメージをふくらませ、言語化していきます。

そこから付加価値を生み出すヒントを得るのです。

そうしたイメージとプラスして、データ分析や、ＡＩを使うのもいいと思います。
また、その対象となる人たちに直接話を聞くことも、イメージを高めることにつながります。

付加価値は「喜びの素」をつくることでもある

沖縄を旅行したときのことです。食器を買いたいと思い、あるお店に入りました。

店内をぐるりと見てみたのですが、残念ながら「これだ！」と思うような食器は見つかりません。

そんな僕の様子を見て、店主さんが話しかけてきました。

「どんな食器を探しているんですか？」

僕は自分が何となくイメージしている食器について、話をしました。

すると、店主さんは意外なことを言ったのです。

「そういうイメージの食器なら、知り合いのお店にきっとあると思います」

自分の店の商品の中から少しでもイメージに近いものを探してきて、勧めるのではなく、僕のイメージに合う食器がありそうな別のお店を教えてくれたのです。

さらに、店主さんは知人の店に電話をしてくれて、僕のイメージに近い食器があるかを聞いてくれました。

「あちらの店にきっとイメージに近いものがあると思うので、もしよかったら行ってみてください」（ということを沖縄の方言で伝えてくれました）

そこまで親切にしてくれる理由が知りたくて、店主さんに聞いてみました。

「あちらのお店はこちらの系列店ですか？」

すると、店主さんは、笑いながらこう答えたのです。

「いえいえ、系列とかではないです。同業の知り合いです。沖縄旅行に来ているお客さんにいい思い出を持って帰ってほしいから、こうしているだけです」

何だかほっこりしました。

僕はおすすめされたお店に行って、自分のイメージに近い食器を買うことができました。思い出深い旅先での買い物になり、その食器は僕にとっては「付加価値食器」になりました。

この店主さんがしてくれたことは、まさに付加価値の提供です。

付加価値とは「喜びの素」とも言いかえられます。

お客さんが喜んでくれることを考えて、商品やサービスをつくる。

当たり前のことのようですが、このお店の店主さんのように、**そこまでやりつくすことは意外に簡単ではない**と思います。

想定外のおもてなし。まさに付加価値です。

アイリスオーヤマの会長である大山健太郎さんは著書（※10）の中でこういうことを書いています。

「経営を3つの型で捉えるといいと思います。『プロダクトアウト』『マーケットイン』『ユーザーイン』です。プロダクトアウトと対になる言葉としては、マーケットインが一般的ですが、経営で重要なのはユーザーインの思考です」

ここで言う「ユーザーイン」とは、エンドユーザーのことを指しています。エンドユーザーのことを徹底して考えて、商品を開発し、届けていく。使う人の気持ちを考える。それが「ユーザーイン」の発想です。

僕はユーザーの喜びを生むことが付加価値化であると考えているので、ユーザーインの考えに深くうなずきました。

お客さんに尽くすことから始める。そのためには、お客さんの喜びの素を考えていく。

これも付加価値化で大切なことです。

「手間がかかる」は付加価値になる

沖縄での体験は、まさに手間を付加価値にしてくれたケースでした。

今はタイパが叫ばれる時代。**効率のよさや、時短、手間いらずが付加価値として強く求められています。**

もちろん、効率や時短は付加価値になります。

でも、人の心はおもしろいもので、**あまりにも手間がかからないものや簡単すぎるものだと、逆に物足りなさを感じ、ときには罪悪感を覚える**こともあるのです。

オイシックス（Oisix）のヒット商品である「Kit Oisix」は、そんな人の心情を理解した商品です。

「Kit Oisix」を知らない人のために簡単に紹介しておくと、オイシックスが提供しているミールキットです。20分で主菜と副菜が完成し、栄養バランスにも味にもこだわった調理セットとして人気を集めています。

この「Kit Oisix」ですが、簡単においしく仕上がるように工夫されているものの、自分でひと手間かける余地も残してあるそうです。

働きながら夕食の準備をしないといけない人からしたら、手間をかけて料理をつくるのは時間的にも負担になります。でも、レトルト食品をただ電子レンジで温めるだけだと家族に申し訳ないという罪悪感もある。

「Kit Oisix」はそんな心情をうまくくみ取り、**ちょっとだけ手間をかけることを付加価値にしました。**

簡単、便利、効率的ならばいい、というわけではないのです。

「ちょっとした手間」＝快感

このちょっとした手間によって付加価値を生む**「手間化」**は、実はいろいろな商品やサービスに使われています。

たとえば、居酒屋の生レモン搾りサワーは、レモンを自分で搾ることがおいしさの演出につながっています。

たとえば、ハンバーグの有名店では、鉄板でジュージュー焼けたハンバーグを提供するときに、油が飛び跳ねるのでお客さんにエプロンをつけてもらいます。わざわざエプロンをつけることはお客さんにとっては手間ですが、これがおいしさへの期待感を演出します。

こういった**「ちょっとした手間」を意識した商品やサービスは、お客さ**

んに喜んでもらえるだけでなくSNSや動画で拡散される可能性も高く、より「ひと手間の付加価値」を取り入れることが増えてきています。

このひと手間、人間の脳の特性から見るとおもしろいことがわかります。

実は、この手間は「快感を呼ぶ手間」なのです。

サウナで整うために水風呂に入り外気浴をするみたいなもの。水風呂や外気浴がないと、サウナだけでは整うという快感を味わえません。

脳は手間をかけたり努力したりして何かを達成すると、ドーパミンという快楽物質を出します。

手間をかけて得られた結果に対し、達成感や満足感を伴い、それが快感につながります。

もともと人間は進化の過程で、生きていくために必要な食べ物や水などの資源を獲得しなくてはならず、それを獲得するためには努力が必要でした。

そして**努力した先に報酬があることが大切**だったのです。

だから、手間をかけたことに対して、快感という報酬が用意されているのです。

また、心理学では**エフォート・ジャスティフィケーション**という考え方があります。これは「**努力の正当化**」と言われています。人は、自分が手間をかけてやったことに対して価値や意味を見出しやすいのです。それが努力の正当化です。

手間をかけたほうが、脳はより価値があると感じるのです。

ちなみに、ここまでに紹介したちょっとした手間は、言ってみれば「プチ手間」です。「**プチ手間**」は付加価値化されることがよくあります。

またその逆で、「**すごい手間**」（**スゴ手間**）も、モノによっては大きな付加価値を生みます。

たとえば、自分で家を建てる人がいますが、これはまさにスゴ手間です。ただし、手間によっては付加価値にならず、不要価値になってしまう場合もあるので、注意が必要です。

付加価値になっているか、不要価値なのかを見極めるポイントは、対象になる人がそこに自分なりの意味を発見できるかどうかです。発見できれば付加価値に、発見できなければ不要価値に分けられます。

手間は付加価値にも不要価値にも変化するので、見極めや伝え方が重要です。

「わかりやすい」も付加価値になる

僕ら編集者がよくやる技法のひとつに、**「わかりやすい化」**があります。

「わかりやすい化」とは、内容をよりわかりやすく、より多くの人に届くように変換することや、意味を「見える化」させることです。

テレビの通販番組は「わかりやすい」を大切につくられていますよね。

機能性をパッと目で見てわかる形で表現し、そこに使用者の喜びの声や、番組出演者の感想といった感情要素をプラスしたものが多くあります（機能と感情を両方伝えると、「伝わる強度」が高まります）。

「わかりやすい」が付加価値になるのは、世の中にある多くの商品やサービスに「わかりにくい」ものが多いからです。

自分の関わっている商品やサービスも、**「わかりやすいか？」**という視点で振り返ってみると、付加価値づくりのヒントがあるかもしれません。

社会現象をネーミング化するのも「わかりやすい化」のひとつです。たとえば、世代を表す表現もそのひとつです。

団塊世代（1947年～1949年生まれ）、新人類（主に1955年～1965年生まれ）、バブル世代（主に1965年～1970年生まれ）、団塊ジュニア世代（主に1971年～1974年生まれ）、ゆとり世代（主に1987年～2004年生まれ）、ミレニアル世代（主に1980年代～1990年代生まれ）、さとり世代（主に1980年代後半～2000年代前半生まれ）、Z世代（主に1990年代後半～2000年代前半生まれ）

世代でくって表現することは、言ってみればかなりざっくりした行為です。世代としての傾向はあるにしても、そこに当てはまらない人も多くいます。型にはめたような表現はわかりやすさを生みますが、その分決めつけてしまうところもあるのです。

そうなんです。

わかりやすくするということは、正確に表現するのではなく、ざっくりさせることになります。

正確性の視点からすると、「わかりやすいことは正確ではない」と言えますが、そこは何をゴールに設定するのかの違いです。

では、ここで「わかりやすくする」ための方法をいくつか紹介したいと思います。これは僕がよく使っている9つの方法です。

【わかりやすくする方法】

方法1　名前をつける
方法2　専門用語や難しい言葉を使わない
方法3　ビジュアル化する、見える化する
方法4　たとえる
方法5　順序立てる、整理する
方法6　具体例を出す
方法7　比較する
方法8　すでに知っているものにのっかる
方法9　シンプルにする、捨てるべきところは捨てる

既存価値あっての付加価値

ここであらためて、**既存価値と付加価値の違いについて考えてみたい**と思います。価値には「3つの価値」があります。

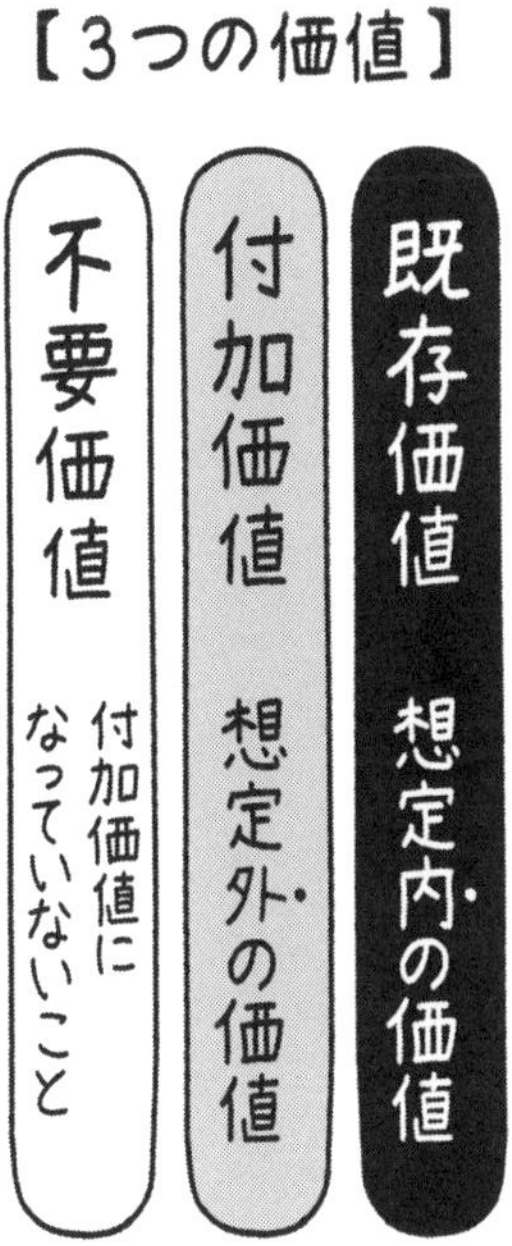

この「3つの価値」の中で、既存価値と付加価値はどういう関係性なのか。日本を代表するタオルのひとつである**今治タオル**を例に考えてみましょう。

僕も今治タオルを愛用していますが、肌触りのよさや何度使ってもよれてこない品質は素晴らしいと思います。

この今治タオルのブランド戦略に関わったアートディレクターの佐藤可士和さんは、著書の中でこう書いています。（※11）

「『新たな価値の創造をすること』がブランド戦略では大切」

「条件は非常に厳しかったけれど、僕はコミュニケーションのプロとして、今治タオルの価値を正しく伝える仕事にやりがいを見いだしていた」

「世界に通用するクオリティがあることを使って実感した」

そして、今治タオルの価値はどこにあるのか、それを丁寧に見つけていく行為をしたそうです。

ここで大切なのは、**まず既存価値が十分に満たされているということで**

す。タオルそのものの品質が素晴らしいからこそ、付加価値を生み出すことができたのです。

ここからは僕の考えになりますが、今治タオルの価値は世界に通用するクオリティ、使い心地のよさ。言ってみれば「タオルの中のタオル」です。

そして、**この品質の素晴らしさを伝えていく要素が付加価値**です。

たとえば、今治タオルブランドのロゴマークは佐藤可士和さんがデザインしたものですが、認定商品にはロゴデザインが記された織りネームが必ずついています。このネームの裏側には4ケタの番号が記載されているのですが、これはタオルを製造したメーカーの企業番号です。

市場に出回った後で、タオルに何かトラブルが起きたときに、この企業番号からどのメーカーの製品かわかるようになっています。

今治タオルの既存価値である品質のよさを保証する、付加価値なのです。

こういった付加価値を発見したり、つくったりして、発信することで、今治タオルのリブランディングは成功しました。

今治タオルの価値を伝えるために、さまざまな付加価値をつくり、それも伝えていく。

そうやってブランドが強くなっていったのです。

ブランディングとは、付加価値をつくることでもあるのです。

マイナス付加価値のリスク

サスティナブルな社会を目指すための活動は今や当たり前になっています。

商品やサービスを選ぶときに、ＳＤＧｓにどう取り組んでいるかなども選択基準に入れている人も多いと思います。

しかし、**こういった取り組みをしたからといって付加価値になるわけではありません。**すでに数多くの会社が取り組んでいるので、むしろ当たり前化している可能性があります（もちろん付加価値のためだけにやっているわけではないと思いますが）。

最初は付加価値になっていたことが、時間とともに競合が増え、付加価値にはならなくなる。付加価値は時間とともに変化しているのです。

では、付加価値づくりを目的としている場合、こういった活動に参加しなくていいかというと、そんなこともありません。やらないと**マイナス付加価値が働く可能性があるからです。**

付加価値は、プラス面だけでなく、マイナス面も気にする必要があるのです。

マイナス付加価値は、プラス付加価値よりもパワーが強い場合があります。

いい情報よりもマイナスな情報のほうが人に伝わりやすいですよね。

そうなんです。マイナス付加価値はリスクです。

たとえば、パワハラ疑惑をかけられた政治家が、状況証拠が揃っていて、それをメディアが報じている中で「まだ調査中なので今は答えられません」といった発言を続けることは、かなりのマイナス付加価値をつくることになります。

自分の発言が、マイナス方向にすごいパワーを持って向かっているイメージがないから、そういう発言になるのだと思いますが、**マイナス付加価値は、ときにはプラス付加価値以上に気にしないといけない付加価値です。**

お米がスーパーから消えたということがニュースになったことがあります。原因はさまざまなことが合わさったためですが、この一連のニュースを大きく牽引したのが**「令和の米騒動」というマイナス付加価値がついたネーミング**でした。

「悪事千里を走る」ということわざがあります。これはマイナス付加価値はすぐに広まるということでもあります。

今に始まったことではなく、人は昔からこういった話に関心が強いのです。

理由は脳の特性にあります。**ネガティブ、マイナスなことは自分の生命を脅かすリスクにもつながるので、感知能力が高い**のです。

『幸福論』で有名なアランの言葉にこういうものがあります。

「悲観主義は気分によるものであり、楽観主義は意志によるものである」

人は無意識でいると悲観的に考えがちで、楽観的に考えるには意志が必要ということです。

マイナス付加価値をいかに防ぐかも、心に留めておきたいことのひとつです。

コラム

「失敗が少ない」に潜む「見えない失敗」

付加価値にプラス付加価値とマイナス付加価値があるように、**失敗も「見える失敗」と「見えない失敗」に分けることができます。**

「見える失敗」とは、認識されている失敗です。

一方で、「見えない失敗」は少々やっかいです。

なぜなら、注意深く見て、検証をしてみないと、失敗したことすらわからないからです。

たとえば、何か新しい企画を始めようとした場合。

企画を実践してうまくいかなければ、これはわかりやすい失敗になります。

一方で、新しい企画を立ち上げることに反対し、その企画をつぶした場合。

やってみたらもしかしたら大ヒットしていたかもしれない。でも、やらなかったからよくわからない。これが見えない失敗です。

挑戦をする人には失敗はつきものですが、挑戦を避ける人は失敗も少なくなります。

でも、**そこで挑戦をしないことが、実は長い時間軸で見ると失敗につながる**可能性があります。

付加価値も同じです。

付加価値づくりにも失敗はつきもの。

でも、挑戦を続ける中で、だんだんと感覚をつかめてくることもあります。

また、**挑戦することでヒット付加価値が生まれることもある**のです。

とにかく、打席に立つことです。

打席に立つと三振もするだろうけれど、ヒットは打席に立った先にしか生まれません。打席に立たない人は、見えない三振をしているわけです。

失敗を恐れず
付加価値づくりに
チャレンジしよう!

第5章

付加価値をつくる技術

再定義化	付加価値をつくる考え方と技術		選択肢プラスの法則
プロローグ化	移動法	体験化	マルチ付加価値化
ある視点とない視点	分解法	まとめる法	かけあわせ法
当てはめ法	せまい化	損して得取れ法	インパクト化
言いかえ法	小話プラス	不なくし	わかりやすい化
ずらす法	ビフォーアフターアフター	主従逆転法	手間化

この章だけでなく、本書全体で紹介したものの一覧表です。

付加価値をつくる技術

ある視点とない視点

ふるさと納税をしている人は、全国に約1000万人いるそうです(2024年時点)。

僕も先日、高知県馬路村のふるさと納税を利用しました。杉の木でできたどんぶりが届いたのですが、同封されていた村のパンフレットがとてもおもしろいものでした。そこには、**「村にないもの」「村にあるもの」が書かれていた**のです。

「村にないもの」には、コンビニ、スタバ、マックなどが書かれています。

一方で「村にあるもの」は何だと思いますか？

これが馬路村のパンフレット

【村にないもの】

信号、散髪屋、コンビニ、スタバ、マック、オシャレなカフェ、本屋、映画館、塾、高校、ドラグストア、ホームセンター、ヤマダ電器、無いものだらけですが山には山菜が川には鮎やウナギが居ます。

【村にあるもの】

出来たての空気、ウグイスの目覚まし、鮎の泳ぐ川(僕も泳ぐ)、近所のおかずのお裾分け、カジカの鳴き声、谷からの涼しい風、カブト虫の森、のんびりした時間、柚子取りの手伝いアルバイト、ツルッツルの温泉(有料)、田舎寿司、草刈り機の音、山菜、シシ肉、湧水、静かな夜と真っ暗闇。

馬路村《うまじむら》

馬路村役場 地域振興課
〒781-6201 高知県安芸郡馬路村大字馬路443番地
TEL:0887-44-2114

「村にあるもの」には、できたての空気、ウグイスの目覚まし、近所のおかずのおすそ分け、谷からの涼しい風、のんびりした時間……、たくさんの魅力的な「あるもの」が書かれています。

よくこんな意見を耳にします。「田舎なので何もない」

でもそんなことはないということを、この馬路村のパンフレットは教えてくれます。

僕はこれを**「ある視点とない視点」**と呼んでいます。

「ない」という視点から見ると何もないように見えるけれど、「ある」という視点で見ると、あるものが見えてくる。

馬路村のケースは「ある視点」です。
そして**「ある視点」は付加価値を発見する方法**のひとつです。

「見えないもの」にも付加価値がある

「ある視点」につながる話で、こんな経験をしました。
沖縄の久高島《くだかじま》という場所に旅行に出かけたときのことです。
久高島は沖縄（琉球王国）の神様が最初に降り立ったとされる、とても神聖な場所。この島にある自然物（動植物、石や砂、サンゴのかけらなど）を持ち帰ることは許されておらず、今でも神の島と呼ばれています。

この島で、旅行者は入ってはいけない場所がいくつかあると説明を受けました。そのひとつが御嶽《うたき》です。

御嶽とは、沖縄の各地にある祈りをささげるための神聖な場所。久高島の御嶽には、旅行者が入れないところがあるのです。

この御嶽ですが、何かわかりやすい目印があるわけではありません。たとえば鳥居のようなものがあるとか、本殿のような建物があるとか、そういったものはないのです。写真で見ると、そこはそういう場所だと言われないと気づかない、言ってみれば普通の自然の中の風景です。

でも、そここそが神聖な、祈りをささげる場所。その場所には、大切なものが「ある」のです。

目に見えるものだけが付加価値なのではありません。

日々の業務の中には、**「見えない仕事」**というものがあります。TODOリストの中には入ってこないような、でも確実に時間を取られている仕事です。

たとえば、

・電話に出る
・不在の人に来た連絡を取り次ぐ
・コピー機に用紙を補充する
・シュレッダーにたまったゴミを捨てる

他にも挙げたらキリがありません。

見える仕事の価値はわかりやすいですが、見えない仕事に対する価値は、見逃されがちです。

でも、実はこういう見えない仕事をしてくれている人の存在も、会社やチームを支える要素。だから、**「見えない部分の価値を発見すること」も大**

切です。

仕事には付加価値をつくることと作業の２つがあると書きましたが、こうした「見えない仕事」も付加価値として認識していくと、よりよい会社やチームになっていくのではないでしょうか。

以前、「名もなき家事」というキーワードが多くの女性から共感を得たことがありました。

たまっているごみを捨てる、アイロンをかける、食事のメニューを考える、ベッドや布団を整える、グラスを片づけるなど、名前のついていない家事、目が向かない家事に注目し、家族の知らない努力をお母さんがしているという認知を高めることに成功しました。

人は見えるところだけに価値を置きがちですが、実は見えていないところにもたくさんの価値がある。それを発見したのが「名もなき家事」です。

見えない付加価値を見える化する

見えないところにも多くの付加価値がある。でも、それを見えないままにしていたのでは、付加価値として気づかれません。

自分では付加価値だと思っていても、届けたい先にその付加価値が認知されていなければ、それは付加価値にならないのです。

たとえば、原料の卵に徹底してこだわったマヨネーズがあったとします。

いくらつくり手がマヨネーズの卵にこだわり、そこが付加価値だと思っていても、買う側がそれに気づけないのであれば、それは付加価値になっていないということ。

まだ「不要価値」の状態です。

付加価値は見える化させてなんぼ！

そして、付加価値の見える化のためには、「付加価値をつくる技術」が欠かせません。

僕はよくスポーツの試合を観に行くのですが、スタジアムが電車の駅から離れているところは、自家用車で行く人も多数います。


ただ問題があり、駐車場があまりないのですぐに満車になってしまいます。

新しい駐車場をつくるには費用もかかるし、場所もなかなかない。

そこでスポットが当たったのがアキッパ（ａｋｉｐｐａ）です。アキッパは、自宅などの駐車場を時間貸しするサービスです。

自宅の駐車場が空いている人は、そのスペースを有効活用できて、お金が入ってくる。駐車場がないことで困っている人には、駐車場が提供される。アキッパを運営する会社は売り上げになる。まさに三方よしのビジネスモデルです。

これこそ、**「あるものを活用する」**という視点。前の項目で解説した「ある視点とない視点」で「あるもの」を発見し、さらにそれを一歩進めて付加価値化していったのです。

「ないものはない」

これは島根県の海士町《あまちょう》がキーワードとして用いた言葉です。

海士町は、人口が2230人ほどの小さな島ですが、さまざまな活動をしている注目の島です（人口は2024年時点）。

この海士町が発したメッセージが「ないものはない」という言葉です。

このメッセージには、次の2つの意味があるそうです。（※12）

①無くてもよい
②大事なことはすべてここにある

「大事なことはすべてここにある」という視点、いいですよね。

この視点が、付加価値を生み出すベースになります。

ないもの、足りないものに視点を向けるのではなく、実は気づいていないだけでそこにあるものに視点を向け、付加価値を発見する。

これぞ、「ある視点」です。

仕事でも、ないものをできない理由にするのではなく、そこに今あるものを活かす方法を考えたほうがいい場合はよくあります。

「予算が足りないからできない」
「人がいないからできない」
「ブランド力が弱いから難しい」

実際に仕事の現場では、できないことや難しいことだらけです。

でも、ないものはない。

これを大前提にして「ではどうしたらいいか」を考える。あるものは、あるという視点を持つ。

たとえばアキッパは、駐車場がないという課題に対して、あるものがその役割を担えることに気づきました。

あ、駐車場、家にたくさんあるじゃないか！

そう言ったかはわかりませんが、気づきがあったのは間違いありません。そこからスタートしてビジネスモデルを構築しています。

「ないものはない」（大切なものはすでにある）という視点で生まれているものは、世の中にあふれています。

たとえば、タイミー（Ｔｉｍｅｅ）がやっている、スキマ時間を使ってすぐ働けるサービス。これも人の中にある「余った時間」に視点を向けたサービスとして人気を得ています。

では、どうやってないものの中からあるものを見つけるか？

「ある視点」を生み出すには、3つのことに注目するところから始めます。

それは、「当たり前と思っているもの」「〝不〟の視点でとらえられているもの」、そして「心の中にある欲求」の3つです。この3つを、ポジティブな視点からとらえ直し、かけ合わせてみる。

自分たちにとっての「当たり前」が外から見たら「付加価値」になり、また「短所は、長所にもなる」という考え方です。

ポジティブな価値化をするためには、日ごろから嫌なこと、ネガティブなことが起きたときに、練習と思い、ポジティブ視点でとらえ直してみることがおすすめです。また、当たり前だと思っていることが付加価値にならないか、考えてみることです。

普段は健康な人が病気になると、当たり前だと思っていた日々の健康がとんでもなく大切なものだったことに気がつくようなものです。

そんなふうに、日ごろのとらえ方を変えていくことで、自分の中にこの視点を入れていくことができると思います。

付加価値をつくる技術

再定義化

受験シーズンになると、お守り代わりにも使われるチョコレートがあります。ネスレのＫｉｔＫａｔです。

事の始まりは１９９０年代後半。九州エリアで12～1月にかけてＫｉｔＫａｔの売り上げがなぜか伸びていたそうです。

伸びている理由がわからず、メーカーが聞き込みをしたところ、受験生の親や友人がお守り代わりに受験生に贈っていたことがわかりました。

「キットカット」を「きっと勝っとお」と語呂合わせして、縁起をかついでいたのです。

この現象に注目し、受験生の宿泊するホテルに頼み、受験生にＫｉｔＫａｔを配布してもらいました。そこから「ＫｉｔＫａｔは受験生を応援するチョコ」という認知が定着していきました。（※13）

ＫｉｔＫａｔの**商品そのものを変えるわけではなく、別の新しい付加価値を提案する。それによって商品の使い方が広がる。**

これを僕は**「再定義化」**と呼んでいます。

商品やサービスの再定義を行うことで、商品の新しい魅力を伝えていく方法です。

この再定義化、実はさまざまな場で行われています。

再定義化は、商品を変えなくてもできる方法です。

たとえば、最近商品の売れ行きが落ちてきた。今ある商品やサービスの新しい目玉が欲しい。そんなときにも再定義化は活用できます。

具体的な再定義化の方法はいろいろありますが、たとえばＫｉｔＫａｔの事例であれば、似たようなことはもともとあったものです。

「勝つ」にかけて、受験や試合など勝負の日にはかつ丼やカツカレーを食べるという話は以前からありました。

こうしたもともとあるものを活用して付加価値を考える方法は意外と使えます（「当てはめ法」と呼んでいる方法で、この後紹介します）。

受験に関連するものでは、たとえば「落ちないりんご」があります。台風の直撃でたくさんのりんごが落ち、壊滅状態というときに生まれたアイデアでした。

ほとんどが落ちてしまった中で、落ちなかったりんごがあったことに注目して、これを「落ちないりんご」と命名し、合格祈願の縁起物として売ったそうです（詳しく知りたい人は『高くてもバカ売れ！　なんで？』（※14）をお読みください）。

他にも、お箸の先端をすべりにくく加工した「ほんとうにすべらないお箸」は、合格祈願の商品として付加価値化されています。

これらはすべて再定義化することによって、合格祈願という付加価値を生んでいるのです。

再定義化のやり方「当てはめ法」

どうやって再定義化したらいいかを考える方法のひとつに、当てはめるという方法があります。ＫｉｔＫａｔやかつ丼のように、**以前からあった考えや行動に、自分たちの商品を「当てはめてみる」と、新たな付加価値を発見できる**可能性があるのです。

たとえば、野菜や果物で、縁起がいい言葉と語呂合わせできそうなものがないかを探してみるとか。他にもクリスマスやバレンタインのように、世界で行われている習慣や風習と何か結びつけられるものがないかを探してみる。

こうやって再定義化をしていくと、新しいニーズが生まれるかもしれません。

こういった何かに当てはめて付加価値をつくる方法を僕は**「当てはめ法」**と呼んでいます（何のひねりもないネーミングですが）。

この当てはめ法を使ってヒットした商品は他にもあります。

たとえば、**回転寿司も実は、当てはめ法**から生まれています。

回転寿司の生みの親である白石義明さんは、ビール工場で、ビールがベルトにのって次々と運ばれて来るのを見て、「これを寿司に当てはめたら！」と考え、

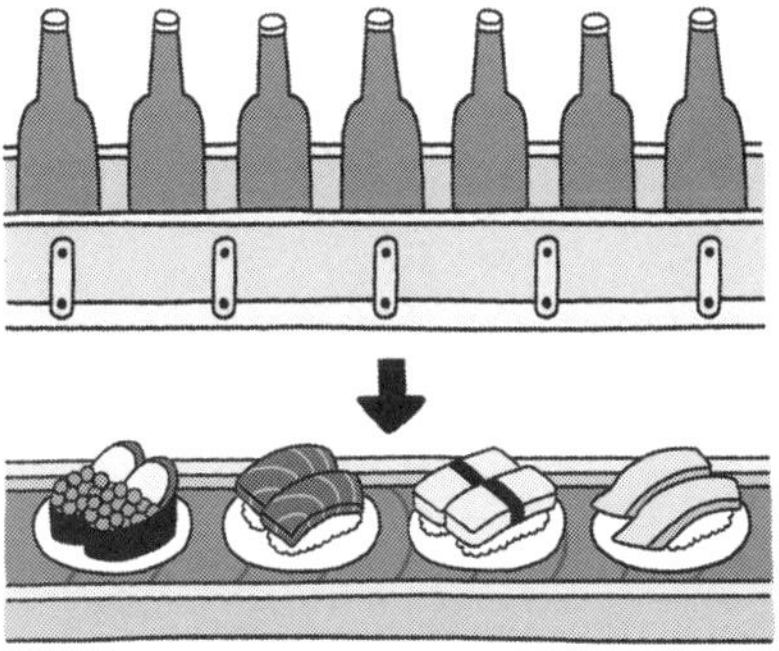
当てはめ法

回転寿司のアイデアを思いついたそうです。
今や世界的に知られている回転寿司ですが、着想の原点は当てはめ法だったのです。
人気のサーモスの真空断熱ケータイマグ（水筒）も、当てはめ法から生まれています。
キャップ部分の開け閉めがワンタッチでできて、直飲みができる便利さが評判ですが、この「ワンタッチ」というアイデアを着想したきっかけも「当てはめ」だったそうです。

何を当てはめたか？

それはライターです。

片手でカチッとワンタッチで開けられるライター、この使いやすさをマグに当てはめたのです。

格段に使いやすくなったことで、スポーツをする子どもをはじめ、幅広い世代に支持されています。

このように、**「当てはめ法」は新しいアイデアを生み出すときに使えるメソッド**です。

僕自身も以前、当てはめ法を使ってベストセラーを企画することができました。

『50マス英語ドリル』という英語の本をつくったことがあるのですが、この本は15万部のヒットになりました。

この本は、ベストセラーになっていた『百ます計算』(※15)というドリルがあり、その考えを当てはめてつくり出した企画でした。

こんな感じで企画を考えていきました。

最初はとにかく何か「百マス」を使って企画を考えたいと思ったことがスタートでした。

・百マス脳トレ
・百マスペン字練習帳
・百マス思考法

など、百マス×○○という感じで、いろいろなものをかけあわせながら、百マスに当てはめていきました。

そこでアイデアとして出てきたのが、百マス英語ドリルでした。英語の動詞と前置詞を組み合わせた内容で百マスを構成しようと考えました。

実際に百マスで英語ドリルをつくってみるとちょっと無理があり、50マスがベストと思い、結果『50マス英語ドリル』が生まれました。

この本の企画以外でも、僕はよくこの「当てはめ法」を活用しています。

再定義化で考えるべきは「お客さんがいる市場」

27ページで「駅の階段」の話を紹介しましたが、これも再定義化です。階段を「運動器具」と再定義しています。

「再定義」によってヒットした事例は多々あります。

豆腐メーカーのアサヒコが開発した「豆腐バー」。これも再定義化によってヒットした商品だと僕は思っています。

豆腐の市場は年々減少している中、たんぱく質の市場は広がっていることに気づき、その市場に向けて開発したのが「豆腐バー」だそうです。

豆腐商品ではなく、高たんぱく商品と再定義し、そこから商品が生まれたわけです。

既存価値ではなく付加価値で勝負するために再定義する。

変化が激しい環境の中で、この再定義は活用できる方法だと思っています。

再定義をするときのポイントがあります。

それは、**「お客さんがよりいるところを狙う」**ということです。

●伸びている市場

●お客さんの多い市場

こういった市場にいるお客さんに提供できるものはないか、そこから考えてみるのです。

他にも

●インサイト（潜在的なニーズ）**のある市場**

●今の市場のすぐ横にある市場

なども、再定義をする際に考えてみるといい市場です。

【狙うべき市場】

伸びている市場

インサイト（潜在的なニーズ）のある市場

お客さんの多い市場

今の市場のすぐ横にある市場

商品やサービスをこうした「狙うべき市場」と結びつけて考えると、想定外のアイデアが生まれる可能性があるのです。

再定義化で、おもしろいものがあります。

その名も「切腹最中」。東京・新橋にある和菓子店・新正堂の名物なのですが、あふれんばかりのあんこの中に求肥も入っている人気商品です。

実は、僕もこの切腹最中をある理由のために何度か購入しました。

その理由とは……、謝罪です。

仕事で謝りに行かないといけないことがあったときに、手土産として持参したのが切腹最中でした。

もうおわかりかと思いますが、切腹最中が人気の理由、それは「謝罪用の手土産」という付加価値があるからです。

もとはこの店が、忠臣蔵で有名な浅野内匠頭《たくみのかみ》が切腹をしたお屋敷があった場所にあることから命名したそうです。

こうしたストーリーも含めて、「和菓子」が「謝罪用の手土産」に再定義化され、人気になったのです。

まさに付加価値化されています。

ここで、具体的な再定義化のやり方をひとつ紹介します。

年々書店の数が減っていますが、リアル書店の付加価値を再定義によって考えてみたいと思います。

課題：リアル書店の付加価値をつくる

コンテンツの多様化、ネット書店や電子書籍などさまざまな理由から、全体で見るとリアル書店の売り上げは下がっています。

①付加価値を考えるうえで、まずは既存価値を考えます。

書店の既存価値は「本やマンガ、雑誌などを購入する場所」です。

②付加価値を考えるうえで、2つの視点があります。

「書店への来店動機」をつくることと、「書店での購入動機」をつくることの2つです。「来店動機」と「購入動機」は別々に考えます。

ここでは来店動機を考えたいと思います。

③先ほど紹介した再定義のやり方から、市場をずらすことを考えます。

たとえば、高齢者の来店がもともと多い書店では、高齢者市場で、書店市場よりも大きな市場、伸びている市場がないかを考えてみます。

そこで目をつけたのが「ウォーキング市場」です。

ウォーキング市場は30年前の3倍にもなっていて、ウォーキング人口は日本だけで3800万人近くいるそうです。65歳以上の人口は3625万人なので、ざっくり言えばほぼ同数です。

そこで、こう考えます。

「書店をウォーキングの目的地、もしくは経由地にできないか」

書店への来店動機を再定義

本や雑誌を探しに来る ⇨ **再定義** ⇨ **ウォーキングの経由地**

自宅から書店の往復をウォーキングのコースにしてもらう、もしくは書店をウォーキングの経由地にしてもらうのです。

④ただし、そう訴えても簡単に高齢者層が実践してくれるわけではないと思い

ます。

なので、たとえば「スタンプラリー」のように、書店にスタンプを用意し、来店のたびにスタンプを押すとか、スタンプが貯まったら何かプレゼントをするとか、そういったウォーキングにからめたアイデアを考えます。

このような流れで、書店を「本やマンガ、雑誌などを購入する場所」から「ウォーキングの目的地、もしくは経由地」に再定義するのです。

⑤さらに、書店に寄ってもらったら、あえて「立ち読みをしてもらう」というのもいいかもしれません。

その際は、今度は「立ち読みをすることの付加価値」を考えていきます。

そうやって、来店頻度が高くなった人と書店の関係性を強めていくことで、購入にもつなげていきます。また、顔なじみになることで安心感や間接的な見守りにもなるかもしれません。地域貢献にもなります。

ここで考えたことは、当てはまる書店も当てはまらない書店もあると思うので、実施したら必ずうまくいくというものではないかもしれませんが、こうやってまずは再定義をして、さまざまな付加価値を生み出していきます。その中から、より実行するに値するものを選択していくのです。

どうでしょうか？　考えると楽しくなってきませんか。

そうなんです。**付加価値を考えることは、ワクワクしながらできる行為**でもあるのです。

不要価値も再定義で付加価値になる

プロ野球選手のサインボールをもらったことがあります。せっかくいただいたものなので、そのサインボールを家に飾っていました。

友人家族が我が家に遊びに来たときのことです。

友人のお子さんは大の野球好きで、我が家に飾ってあったサインボールを目をキラキラさせながら見つめています。

その様子を見ていたら、このサインボールは僕が持っているよりも、その子が持っていたほうが付加価値が高いなと思い、彼にあげることにしました。


「このサインボール、欲しいかな？」

「え、え、え、ほんとに？」


その喜ぶさまを見ていて、僕もうれしい気持ちになりました。


僕は正直、そこまでの野球ファンではありません。一方で、その子は大の野球ファン。

そのサインボールの付加価値は、僕が持っている場合と、その子が持っている場合で、大きく変わります。

このサインボールは、僕にとっては「ただのボール」でしたが、その子にとっては「お宝」でした。

つまり**不要価値が付加価値に変化したのです。**

このように、**付加価値は受け手によって変化します。**

ある人にとっては何の付加価値もないものが、ある人にとっては大きな付加価値のあるものになる。

そのことを活用してうまくいっているのが「メルカリ」です。

使いかけのコスメ、ブランドショップの箱や袋、お菓子の空き箱やアイスの棒など、言ってみればあらゆるものが売買の対象になっているのです。

不要価値を付加価値に変える（＝再定義する）ビジネスモデルです。

付加価値をつくる技術

言いかえ法

訳ありという言葉には、何だか人を惹きつけるものがあります。

「この家電、訳ありなので、その分お安くできるんです」

「訳ありで、今日は50％オフです」

こんなことを言われたら、「一体どんな訳ありなんだろう」と興味がわいてきませんか？


訳ありは、今やさまざまな場所で活用されています。

たとえば訳あり野菜は、形や見た目が悪く、一般流通には出せなかった野菜を指します。ただし、味は通常のものとまったく同じ。食料廃棄が問題になっていたり、農家支援が叫ばれる中で、意識的に購入する人もいるくらいです。

訳ありは、ネガティブな意味で使われることの多い言葉でしたが、**今では**
ポジティブな意味でも使われる言葉に変わってきています。

売れない野菜
▶
訳あり野菜

形が悪くて流通に乗せられない野菜と言うより、訳あり野菜と言ったほうが魅力的に伝わる。

つまり、**売れない野菜に付加価値が生まれた**わけです。

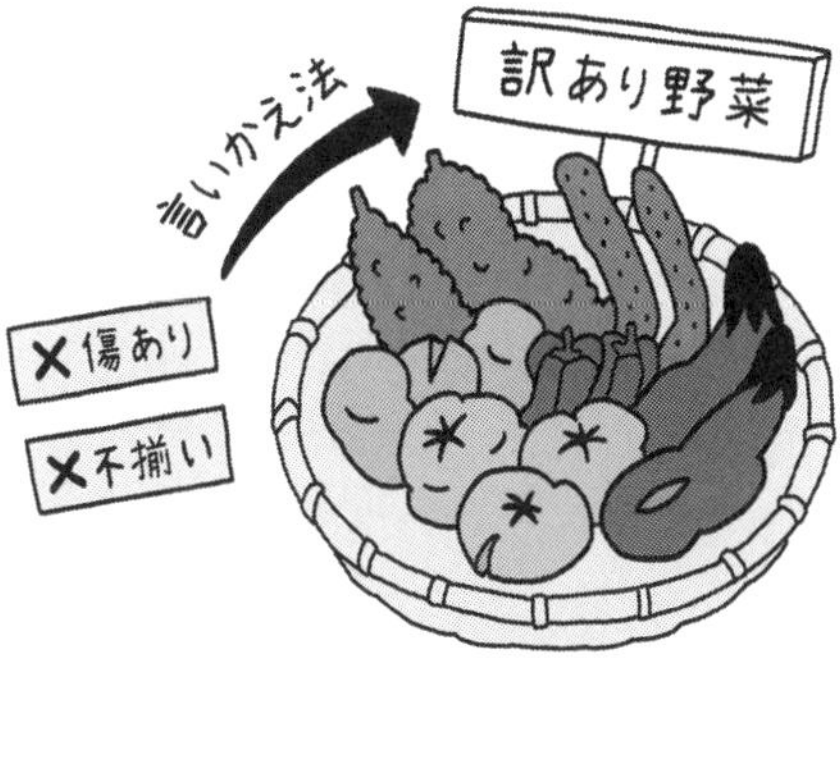

これが、付加価値をつくる方法**「言いかえ法」**です。言いかえるだけで、**同じものなのに、魅力の伝わり方がまったく変わります。**

たとえば、こう言いかえたらどうでしょうか。

- **短所　↓　伸びしろがある**
- **待ち時間60分　↓　幸せまであと60分、熱狂まであと60分**
- **田舎には何もない　↓　田舎には「何もない」がある**
- **駅から遠い家　↓　駅から家までの道があなたの思考の小道に**
- **坂が多い街　↓　天然ジムタウン**

ものは言いようという言葉がありますが、まさにその通りです。何事も、どこから視点を当てるかでまったく違う景色になります。

言いかえは、視点を変える方法です。

静岡県にある熱海の復活がよくメディアで取り上げられています。

以前は温泉地として人気があった熱海ですが、時代の変化に対応できず、長年人気が大きく落ちてしまっていました。

そこで一念発起し、熱海の付加価値を構築したことで、今ではまた人気の温泉地になっています。

熱海の人気を見ると、さまざまな場で付加価値化が行われていることがわかります。

たとえば、空き店舗になっていたところをゲストハウスにしているのですが、そこでは白ごはんとみそ汁のみのセットが提供されています。

なぜおかずがないのかというと、熱海の街中にある干物屋さんとの連携を考えたから。お客さんは購入して持ち帰ってきた干物を施設内で焼いて、朝食として楽しめるという仕組みをつくっています。

これは街全体を宿泊施設と考えることで生まれた発想です。**視点を俯瞰化することで付加価値が生まれました。**

また、古くなった温泉ホテルを「昭和レトロなホテル」としてリノベーションしています。「昭和レトロ」はまさに言いかえです。

古い　↓　レトロ

これによって、与える印象は大きく変わります。

こうしたちょっとした視点の変化で、付加価値が生まれます。

たとえばこんな言いかえ事例があります。どれも言いかえることで付加価値化されています。

【言いかえ事例】

- 保温インナー↓ヒートテック（ユニクロ）
- 中古品↓リユース品
- ゲーム↓eスポーツ
- 在宅勤務↓リモートワーク
- 節電、省エネ↓スマートライフ
- 老化防止↓アンチエイジング
- ジャンクフード↓コンフォートフード
- 手づくり↓クラフトワーク
- お試し期間↓体験プログラミング
- 中古住宅↓リノベーション住宅

付加価値をつくる技術

ずらす法

『「のび太」という生きかた』（※16）**という一冊の本があります。**

主にビジネスパーソンに向けて出版されたこの本ですが、売れ行きが伸び悩んでいました。

そこである手を打ったところ、50万部に迫るほどのベストセラーに！

いったい、どんな手を打ったのでしょうか？

答え
届けるお客さん（読者）をずらした。

この本、実は僕自身が関わっていました。

『「のび太」という生きかた』は、ドラえもん学を提唱する横山泰行さんが書いた本で、ドラえもんに登場するのび太の魅力を分析しながら、のび太的生き方を紹介した一冊です。

のび太にシンパシーを感じる大人向けにつくり、自己啓発書と言われるジャンルの本として発売しました。

でも、売れ行きは伸び悩んでいました。


そんなときです。

読者の感想を聞くために、本の中に読者はがきを挿入していたのですが、こんなことが書かれたものが何通も届きました。

「ぼくは本が苦手だったけれど、この本だとスラスラ楽しく読めました」（男の子　11歳）
「少し漢字が難しかったですが、どんどん読むほど次が気になり、楽しく読めました。読書感想文も書きやすかったです」（女の子　11歳）
「とてもいい本で、のび太の見方が変わりました。読書感想文に使わせていただきます」（男の子　12歳）

大人からの読者はがきはサインペンやボールペンで書かれていることが多いのですが、これらのはがきは主に鉛筆で書かれていて、そこには「この本で読書感想文を書いた」とか「読書は苦手だけれど、この本は読めた」という反応があったのです。

それと同時に、本の売り上げを示すＰＯＳデータを見ると、主に40代の女性の購入者が増えていました。当初は「40代の女性ものび太にシンパシーを感じる人が多いんだな」くらいの感覚でいたのですが、あるとき気づいたのです。

「あ、小学生のはがきが増えて、購入者に40代女性が増えているということは、お母さんが子どもに本を買っているからなんだ」ということに。

気づいてしまえば当たり前なんですが、意外にもすぐに気づくことはできませんでした。

この本の新たなポテンシャルを発見できたのです！

そこで、営業メンバーが書店さんを訪ね、夏休みの課題図書のコーナーの近くにこの本を置いてもらえないか、お願いして回りました。

もともとは大人向けの自己啓発書だったので、書店で置かれているコーナーが違っていたのです。

といっても、すぐに課題図書のコーナー近くに変えてもらえたわけではありません。1年、2年と続けていく中で、3年目で大きく花を咲かせました。

そこから大きなヒットになっていき、今では50万部に迫るほどのベストセラーになっています。

商品を変えたわけではなく、届けるお客さんを変えたわけです。
これを僕は**「ずらす法」**と呼んでいます。
先ほどの再定義化のひとつのやり方です。

お客さんをずらす、目的をずらすなどで新たな付加価値を生み出します。

「ずらす法」は付加価値をつくる技術のひとつです。

動物園の付加価値は何か？

ずらす法を使っているケースは多々あります。

たとえば、大人気の動物園、北海道の旭山動物園がとった手法も「ずらす法」ではないでしょうか。

パンダ、ライオン、ゾウ、キリン……、動物園の売りは何といっても珍しい動物がどれだけいるかという点です。動物の種類の多さも魅力です。

でも、珍しい動物、多種類の動物を集めようとすると、どうしても予算がかかります。

予算がない中でどうやって動物園の付加価値をつくるか、そこで考えついたのが動物の種類を売りにするのではなく、動物の生態を売りにするというアイデアでした。

付加価値をずらしたのです。

動物の「種類」

↓

動物の「生態」

ここに付加価値づくりのヒントが隠されています。

動物の種類という「ないもの」ではなく、動物の生態というすでに「あるもの」を価値化する。

予算がない、人が足りない、立地が悪い、時間がない……、ないものにスポットを当ててもなかなか解決できません。**ないものではなく、すでにあるものに視点を向ける。あるものの中から付加価値を探す**（ある視点とない視点の活用です）。

旭山動物園のやったことは、まさに付加価値をつくる見本のようなケースです。

付加価値をつくる技術である「ある視点」を使っているのですが、この「ある視点」は「ずらす法」のひとつです。さらにそこにプラスして「プロセスの価値化」という技術を活用しています。

あるものに視点を向けた後にしているのが**「プロセスの価値化」**です。

プロセスの価値化とは、結果やゴールではなく、その途中（プロセス）に注目していくことです。

ストーリーマーケティングやナラティブなど、物語に注目する流れがありますが、これも「プロセスの価値化」のひとつです。旭山動物園の場合は、「動物の生態」というプロセスに着目し、そこを見せていく工夫をしました。

これは、たとえばテレビ東京系列の番組『カンブリア宮殿』に取り上げられた企業の商品やサービスに注目が集まるのと似た構造です。

カンブリア宮殿では、商品やサービスが生まれた背景や想い、つくり上げるまでの苦労など、見えないプロセスを取り上げていくので、視聴者はそこに感情が動き、その企業や商品のファンになったり、購入したくなったりします。

これが「プロセスの価値化」という付加価値を生む技術のひとつです。

「プロセスの価値化」は、多くの場所で行われています。

たとえば、化粧品メーカーの中には積極的にワークショップを開いているブランドがあります。ワークショップを通じて、プロセスを知ってもらい、それによってお客さんとのつながりを強化しようとしています。

工場見学も映画やドラマの制作のドキュメンタリーも、演劇の舞台裏ツアーも、「プロセスの価値化」です。

寿司を握るカウンターやレストランのオープンキッチンも、料理ができるまでの過程を見せていますよね。これも「プロセスの価値化」です。

こうやってみると、いたるところで「プロセスの価値化」が行われています。

このように、付加価値をつくる技術を活用すれば、今の価値や魅力、売りどころなどが色あせてしまったものに、あらためて付加価値をつけることが可能になるのです。

「ずらす法」の活用事例

「ずらす法」の事例は他にもあります。

たとえば、以前大ブームになったさばの水煮缶。これは**価値を「ずらす」ことで2回目のブームが起きました。**

1回目のブームはダイエットに効果があるというものでした。さばの水煮缶が脂肪燃焼を助けやせられるということで大人気になったのです。

その後、少し落ち着いていたところに、今度はEPAやDHAが豊富で健康にいいという文脈で大ブームに。

付加価値をダイエットから健康に「ずらした」ことで、再びヒット商品になりました。

付加価値は固定のものではなく**どんどん「変化」していきます。**

一度ブームになった商品は、ブームが終わると「もう古い商品」という価値をつけられてしまうリスクがあります。でも、そういった商品を定番商品に変えていったり、再ブームを狙うためにも、付加価値をつくる技術は活用できるのです。

また、**ずらす法はマネジメントでも活用できます。**

以前こんな相談を受けたことがあります。

「入社して数年経った社員の退社が多く、それを減らしたい。入社時はこの会社での仕事に意義を感じていても、数年経つとルーティンになってしまい、会社での仕事に意義を感じなくなり、辞めてしまう人が多い」

こういったときは「価値をずらす」ことで新しい付加価値を見つけていくことができれば、退社を減らすことができるかもしれません。

目の前の仕事に忙殺され、何のために働いているのかがわからなくなることで退社を決める人がいますが、それは**仕事への俯瞰視点が失われているせい**でもあります。

近視眼的視点になったときに多くの感情的な問題が発生します。

「毎日同じような仕事の連続で、何のために働いているのかがわからない」

そういった悩みが、退職へと誘います。

そんなときこそ、近視眼的視点ではなく、俯瞰視点です。

たとえば目の前の「売り上げ」を追うだけでなく、**仕事の意義をずらして「顧客の喜び」や「社会的意義」に目を向ける。**

視点を未来に向けて（ずらして）、今やっている仕事が将来のどんなことにつながるかを一緒に考えてみる。

このように、仕事の意義＝仕事の付加価値について、視点を変えて考えてみる。そうやって、今やっている仕事への価値を変えていくのです。

付加価値を
つくる技術

移動法

「場所を移動する」ことで付加価値が生まれることがあります。49ページで紹介した**富士山の自動販売機の話はまさにこれです。**

移動法を使った付加価値づくりはあちこちでされています。たとえば、「フランスで話題のブランドが日本初出店！」とか「北海道で大人気のスイーツ店が東京に初進出！」と言われると、がぜん興味がわいてきます。

なぜ「初出店」「初進出」は興味を生むのでしょうか？

「移動する」には、興味を生み出す要素がいくつも含まれているからです。

スーパーマーケットやコンビニが近くになく高齢化が進んでいる地域では、スーパーやコンビニの移動販売が行われていることがあります。

移動販売は、お客さんの住んでいる場所に「移動して」販売をする方式ですが、地域の人にとっては付加価値の高いサービスです。

一方で、周りにスーパーやコンビニがある場所では、移動販売に付加価値は生まれにくいかもしれません。

場所を移動することで付加価値が生まれるのは、いくつかの要素を満たした場合に限られます。

その要素とは、お客さんから見たときに、**興味を生み出す要素であることの3つです。**

①今、自分が課題に感じていること
②今の自分の欲望、欲求に刺さること
③レアであること、スペシャルであること

富士山の自販機であれば②と③の要素、移動スーパーであれば①と③の要素です。このように**「移動法」**は場所（空間）を変えることで、付加価値を生み出す方法です。

一見、不用品と思えるようなものが売れることがありますが、これも売り場所を移動したことがうまくいった秘けつです。

日本の中古ランドセルが東南アジアで人気だそうです。

東南アジアでは、Made in Japanならぬ Used in Japanと呼ばれ、中古品でも人気があるとか。子どもだけでなく、大人が普段使いのバッグとしてランドセルを使っていて、品質のよさが支持されているそうです。

日本ではなかなか売れないであろう中古ランドセルに、移動することで付加価値が生まれているのです。

不要価値になっていたものが、付加価値に変わったわけです。

移動した先に付加価値が生まれることに着目し、その移動手段そのものをサービス化したのが、ウーバーイーツです。

デリバリーをしていない（もしくはできない）飲食店がもしデリバリーできたら、そこに付加価値が生まれることに着目し、移動手段をつくり上げたわけです。

一方で、**「移動しない」を付加価値にする方法もあります。**

人気店が、他のエリアへの出店依頼が来ても、頑なにそれを拒んでいるというケースもよくあります。

あえて、エリアを絞ることで、付加価値を高めることにつながるのです。

人も移動によって価値を高められる

チームスポーツの世界では、選手がチームを移籍することもよくあります。ステップアップの移籍もありますが、今いるチームの戦術にフィットしないための移籍ということもあります。前のチームでは活躍できなかった選手が、新しいチームに移籍（移動）したら大活躍ということもある話です。

これも、移動することで、自らの付加価値を高めたことになります。

転職もこれと同じです。

自分の付加価値を明確にできていれば、今の職場でそれが活きているのか？それとも環境を変えたほうがいいか？　そこがハッキリします。

人間関係や雇用条件で転職をすることもあると思いますが、**付加価値を高めるための転職は、あなたの評価を高めることになる**はずです。

付加価値をつくる技術

分解法

前項で、なぜ「移動」が興味を生むのかについて述べましたが、ここであらためてみなさんに質問します。

興味って、どうやって生まれるのでしょうか？（「興味」の分解です）

ここで「興味」を分解する前に、まず「興味」を定義してみます。

・ある対象に惹きつけられる感情、感覚
・もっと知りたい、関わりを持ちたいと思うこと
・自分の時間や、自分の労力を費やしたくなること

そして、そんな興味が生まれるのって、どういうきっかけがあるかを挙げると、こんなことがリストアップできます。

- すでに好きなことと関連すること
- 今、課題に感じていること
- ストーリーに惹かれること
- 欲望、欲求に刺さること
- 納得感、共感のあること
- 非日常感があること
- 少し知っていること

＊主語が「自分」でなく、家族や友人など「身近な人」に置き換わる場合もあります

たとえば、興味は長期記憶と結びついていると言われています。**人が興味や関心を持つことには、その人の過去の記憶が影響している**のです。

興味の幅が広い人は、記憶の中にたくさんの情報を持っています。長期記憶が多いので、その記憶と結びつくことに出合うと、それが興味を生むことにつながります。

以前北海道を旅行したことがあれば、北海道の歴史やグルメ、観光地など北海道に関する情報に出合ったときに興味が生まれやすくなります。

日本の歴史が好きな人であれば、歴史に関連する情報に関心を持つことがあると思います。

記憶の中で知っていることがあれば、そのことに関連することに遭遇したら、興味が出てくるのです。

興味を分解していくとこんなことが見えてきます。

付加価値をつくるときは、この「興味を生み出す要素」があるかどうかを軸に考えます。

こうしたことをまとめると、次の5つの要素に集約されるでしょう。

【興味がわく5つの要素】
①新奇性、好奇心
②個人的な関連ごと
③社会的な関心ごと
④学びによる深度
⑤個人の周辺にある関連ごと

このあたりが興味を生み出すきっかけになります。

たとえば、**エストニアの社会事情より日本の社会事情に関心が高い人が多いのは、個人的な関連ごと×社会的な関心ごとだから**です。

でも、もしエストニアの人と友だちになったら、エストニアの社会事情にも関心が高まるかもしれません。

ざっくり言えば、**興味がわく5つの要素は、「自分ごとと、自分ごとの横にあること」**になります。

政治に興味がない人が多いのは、政治が自分ごとになっていないからとも言えるのです。もしも社会に今以上の問題が多発し、生きていくうえで困難が強まれば、政治が自分ごとになり、政治への意識が変わるはずです。

付加価値には、興味や関心を生み出す役割があります。

だから、政治への興味を高めたければ、できるだけ多くの人にとっての「自分ごとと、その横にあること」の付加価値をつくっていく必要があるのです。

分解すると付加価値のポイントが見える

興味が起きる構造を5つに分けましたが、このように、テーマを構成する因子を見つけることを**「分解法」**と呼んでいます。この方法も付加価値をつくるときに使える技術です。

対象になることの構成要素を知ることは、対象に対する理解を深めることにもなります。**解像度が上がる**のです。

たとえば、おいしいハンバーグをつくりたいと思ったときには、まずレシピを調べますよね。

この**レシピは、言ってみれば「構成要素と再現するための技術」**です。

つまり、何か対象があったならば、そのレシピをつくることが、対象に対する理解になるのです。

ハンバーグは、肉だけでなく、つなぎにポイントがあるとか、ソースに肉汁を加えただけで激変するとか。

このように、対象となることのレシピをつくるのが「分解法」です。

分解法は次のようなステップで進めていきます。例として、「挫折」という言葉について考えながら解説します。

挫折とは、目標を達成できずに諦めてしまうことです。

そこで分解です。

挫折は「目標×達成」ができないこと。

これをさらに分解します。

まずは目標を分解します。

目標は、ゴールとも言いかえられます。

ゴールまでの道のりは、スタートから始まります。スタートとは、これを達成してみたいという思考です。つまり、達成したい思考がスタートです。

次に達成するためには行動が必要です。

思考↓行動　となります。

そして達成するには行動を続ける必要があるので、

思考↓行動↓継続　です。

その継続の先にゴールがあります。

思考↓行動↓継続↓ゴール　です。

たいていの挫折は、継続の最中に起こります。

たとえば、この式にダイエットを当てはめてみると、

10kgやせたい（思考）↓ダイエット方法を実行（行動）↓続ける（継続）↓

途中でつらくなって挫折　という分解になります。

次に考えるのは、継続中になぜつらくなるのか、です。

その大きな理由は、意識と無意識にあります。

継続とは、意識して続ける状態です。

でも、意識を続けるのはなかなか難しい。うまくいくには無意識にすることが必要なのです。

これは言いかえれば習慣化です。

歯磨きは毎日、当たり前のようにしていますが、無意識でも続けられるように習慣化できた行為です。

これと同じような状態になれば、ゴールを達成できそうです。

まとめると、ダイエットを成功させたければ、

思考↓行動↓継続↓習慣という流れをつくることになります。

つまり、**挫折は意識的に継続しているときに起きる。**

となると、そもそもダイエットのゴール設定を無意識化まで考えて行わないと、挫折が生まれやすいのです。さらにリバウンドのリスクもあります。

意識を無意識にまで持っていくには、時間が必要です。その時間は人によって違いますが、どんな人でもある程度の時間はかかります。

この公式から考えると、短期間でのダイエットや、無理があるダイエットは、挫折リスクが高くなるということがわかります。

こうやって、挫折という言葉を分解していくと、挫折の構造が理解できます。

そして、たとえばダイエット商品を売りたければ、**この分解した構造の中で訴求ポイントを見つけていけばいいのです。**

これが分解しながら付加価値を見つける方法です。

分解する前は、解像度が低い状態だったものを、分解していくことで解像度を上げていく。

曖昧だったり、抽象的だったり、思い込んでいたり、理解していなかったことを、見える化していくのです。

僕が企画を考えるときも、まずは分解からスタートすることが多いです。最初はちょっとした気づきや人から聞いた話、思いつきなど、思考の原石みたいなものがあるのですが、それを発見したら、ゴールを設定して構成要素を分解していきます。

付加価値をつくる技術

せまい化

出張で福岡を訪れた際、おもしろい居酒屋チェーンを発見しました。そのお店は、「鶏皮」を前面に打ち出していたのです。

一般的な焼鳥屋さんでは、鶏肉の味や産地へのこだわり、値段、焼鳥の種類などを価値として押し出す店が多い中、この居酒屋チェーンは**鶏皮に特化**していたのです。

僕は鶏皮が大好きなので、迷わずお店に入りました（後で調べたところ、地元では鶏皮はすでに根づいていて、広まっているそうです）。

もしこの店が、鶏肉の味や産地へのこだわりなどを売りにしていたとしたら、僕がこの店に入ることはなかったと思います。「鶏皮」というせまい領域を**売りにしたことが、このお店の特徴をあぶり出した**のです。

これを**付加価値の「せまい化」**と呼んでいます。

せまい領域で魅力を打ち出していくという方法です。

以前、卵かけごはんがブームになったときに、卵かけごはん専用のしょう油が話題になりました。これはしょう油を「せまい化」した商品です。しょう油であれば、さらにせまい領域を考えていくことで、もっと別の新商品も開発できるでしょう。

たとえば「肉じゃが専用しょう油」「サラダ専用しょう油」のように、あちこちとかけあわせていくと、何かとんでもないヒット商品が生まれるかもしれません。「サラダ専用」をもっと「せまい化」して、「トマト専用しょう油」「きゅうり専用しょう油」と考えることもできます。

せまい化

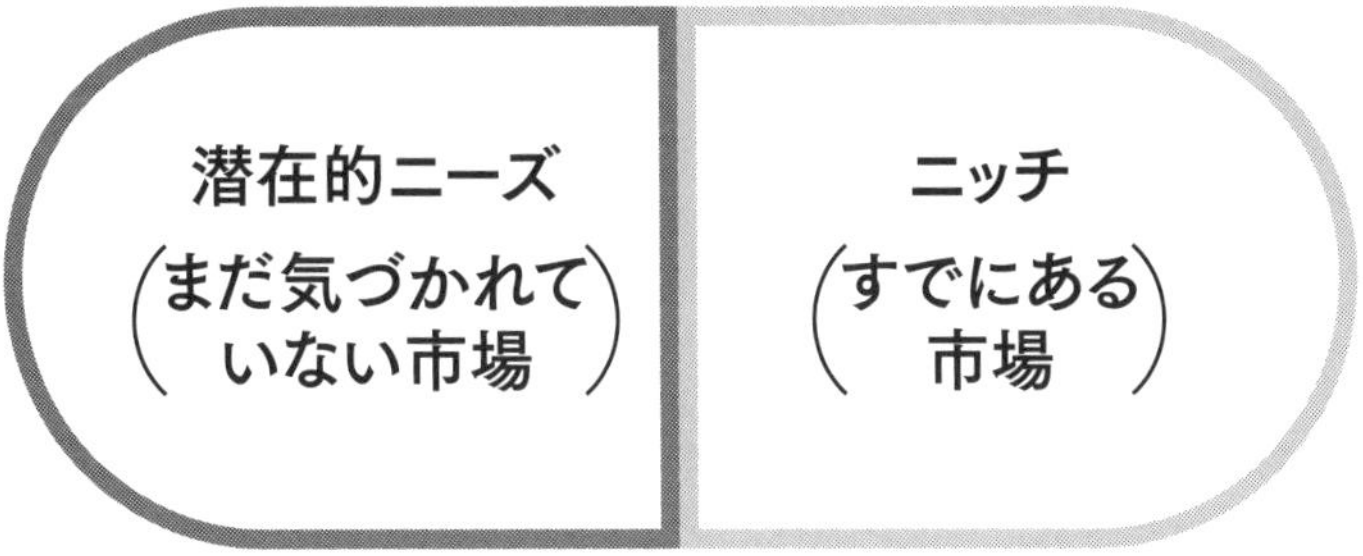

せまい化はニッチと何が違うの？ と思う人もいるかもしれません。

ニッチはすでにニーズのあるせまい市場を探すことを指しますが、せまい化はすでにニーズがある場所だけではなく、**まだ消費者も気づいていない潜在的なニーズの掘り起こしもしていく方法**です。

「せまい化」は、言ってみれば届ける対象を絞り込むということです。

『マツコの知らない世界』（TBS系列）という人気テレビ番組があります。この番組には毎回、「せまい領域の専門家、ゲスト」が登場します。「ガテン系ファッション」「北関東スーパー」「国産とうもろこし」……、その世界を偏愛している専門家やゲストの話がおもしろく、番組内で紹介されたものに興味津々になります。

「せまい化」されたからこそそのおもしろさが、そこにあるのです。


サンダルが人気のブランド「クロックス」も、「せまい化」を活用して付加価値を生み出しています。

「クロックス」は、その耐久性や軽くて防水効果が高いことを訴求することで、医療従事者や飲食業界の人に愛用されているのです。

ブランドの人気を一時の流行だけで終わらせないための施策として、「せまい化」を活用しているのではないでしょうか。

「せまい化」は、自分の売りどころを考えるときや自社商品の営業をするときなど、多様に活用できる技術なのです。

付加価値をつくる技術

小話プラス

お肉がおいしいことで知られる、あるレストランに行ったときの話です。

食後にお店の外国人のホールスタッフがテーブルにやって来ました。

「食後にお酒はいかがですか？　お肉の消化を助けてくれますよ」

そう言って、1本のお酒のボトルをテーブルに置いたのです。

そのボトルの中にはお酒だけでなく、洋梨が丸ごと1個入っていました。

そして、僕らに質問を投げかけてきました。

「どうやってボトルの中にこの果物を入れたか、わかりますか？」

ボトルの中には、ボトルの口よりも明らかに大きな洋梨が入っています。

「え、この中の果物は本物ですよね？」

質問をすると、答えは「もちろん本物です！」

みなさんは、この答え、わかりますか？

2つに分かれたボトルを後でくっつけたのか？　でも、ボトルには継ぎ目はありません。

手品のように洋梨を小さくするなんてことはできるわけがないし……。

頭の中で必死に考えたのですが、回答は出ませんでした。

「わからない」と答えると、ホールスタッフの彼は1枚の写真を見せてくれました。

そこにはボトルに入った状態で成長している洋梨の姿がありました。

なんと、洋梨が小さいうちに枝にボトルを縛りつけて、洋梨の実をボトルの中で育てていたんです。

この話をされたうえで「このお酒、いかがですか?」と聞かれたら、当然「飲みたい!」と思いますよね。

残念ながら僕はお酒を飲まないのですが、同行した人たちはみな、そのお酒をおいしそうに飲んでいました。

心に響く話と一緒にお酒を勧められれば、それは興味をそそり、「飲んでみたい」を生み出します。

まさに**高付加価値の創出**です。

ただ「消化にいいお酒ですよ」「おいしいお酒ですよ」だけだと付加価値が弱いですよね。

また、このホールスタッフの方のストーリーにもっていく流れも秀逸です。

彼はストーリーを次の手順で進めていました。

機能
↓
クイズ
↓
意外な答え

●機能…消化にいいという話は、食後というタイミングにドンピシャ。
●クイズ…一度自分の頭で考えることで、強い興味が促されます。
●意外な答え…「へえ」を生み出し、興味の強度を高めています。

このような一連の流れが、そのお酒の付加価値を生み出しています。

心に響くいい話をつくることは、付加価値化のひとつの方法です。

- 開発秘話
- 苦労話（失敗・挫折・困難）
- 思いや熱意
- 思い出、歴史
- 新発見

こういった要素の入ったストーリーは、人の心に響く因子を持っています。

失敗や挫折は付加価値になる

失敗談も、響くストーリーになります。

僕の失敗談をここで紹介します。

20代のころ、雑誌の仕事で車の撮影をしていました。時間がかなりかかってしまい、終わったのは早朝5時。その車は僕が朝の9時にメーカーに返却する約束でした。10時からその車は他の会社の取材で使われることも聞いていたので、返却が遅れるわけにはいきません。撮影していたスタジオからメーカーまでは車で約30分。朝の5時ですから猛烈に眠く、この状態での運転は危ないと判断し、少しだけ車の中で仮眠することにしました。

当時はまだ携帯電話もなく、目覚ましになるものもなかったのですが、周りも明るくなっているし、まあ起きられるだろうと高を括っていました。
すぐに眠りにつきました。そして、ハッと目が覚めた瞬間、「あれ、ヤバい」と思いました。熟睡した感覚があったからです。
急いで車の時計を見ると、昼の12時！

「ヤッチマッタ……」

あのときの焦りは、今でもよく覚えています。大幅に遅れて返却に向かうと、メーカーの担当者は激怒。僕は平身低頭で謝りました。

このエピソード以降、時間に遅れないように強く意識するようになったのはもちろんですが、先々の予定を考えて、無茶な予定は立てないようにしようと努めるようになりました。

これは僕の失敗談のひとつです。仕事での失敗談は、枚挙にいとまがありません。**成功の数より、失敗の数のほうが自慢できるくらいです。**

以前は、こんな失敗ばかりの自分に嫌気がさしていました。

でも、失敗も悪くないなと気づくきっかけがありました。

それはテレビを見ていたときのことです。

ある芸人さんが自分の失敗談をおもしろおかしく語っていました。やったことは大失敗。なのに、その話を聞いて僕は大爆笑をしていました。

こんなにおもしろいストーリーにしてしまうなんて、すごい能力です。


そのとき気づいたんです。

「あ、失敗の話はむしろ自分の売りになるのかもしれない」と。


芸人さんはよく自分の失敗談を笑いに変えていますよね。失敗をすると「おいしい」と思うそうです。

それは芸人さんだけのことと思うかもしれないですが、実はそんなことはありません。

失敗の話は、話を聞いた相手からすると、親近感や共感を生むきっかけになります。完璧な相手に対しては、リスペクトするかもしれませんが、親近感や共感は抱きにくいですよね。

失敗談には、人との距離を縮める効果があります。また、**親近感や共感は、その人の付加価値を高める**ことにもつながります。

僕自身も過去の失敗談を話のタネによくしています（失敗が多いのでなおさらです）。その際、気をつけているのは、あまりネガティブに語らないこと。聞く人がつらくならないように、失敗談はポジティブに語るのがコツです。

失敗は次に活かすタネにもなるので、失敗をただそのままにするなんてもったいない。ちゃんと検証して、次に活かしつつ、おいしいネタとして使う。

実は**失敗は一石二鳥**なのです。

付加価値をつくる技術

ビフォーアフター

電車内に予備校の広告がありました。そこにはこんなことが書かれていました。

「偏差値45から慶應義塾大学に合格」

いわゆるビフォーアフターと呼ばれるものです。

ビフォーアフターはさまざまな場面で使われています。ダイエット、メイク、ファッション、リフォーム、受験勉強……。

以前、テレビで『大改造!! 劇的ビフォーアフター』（テレビ朝日系列）という番組がありました。家の大リフォームを取り上げた番組です。

この番組は、「家族の問題をリフォームで解決しませんか？」をコンセプトにしていて、設計士や大工などの匠によるリフォーム技術の素晴らしさはもちろんのこと、リフォームをきっかけに絆を取り戻していく家族のドラマが共感を呼びました。

残念ながらレギュラー放送は終わってしまいましたが、この番組はまさに付加価値をつくるキーワード**「ビフォーアフターアフター」**をテーマにした内容でした。

「ビフォーアフターアフター」は「ビフォーアフター」とちょっと違います。アフターが2つあるのです。

なぜ2つあるのかというと、2種類の付加価値を生むからです。

1つ目の付加価値は「ファクト（機能的）付加価値」、2つ目の付加価値は「メンタル（感情的）付加価値」です。

劇的ビフォーアフターで言えば、1つ目の付加価値は、「リフォームして生まれ変わった家」。2つ目は、「生まれ変わった家ができたことによる感情の変化」です。思い出がより深まった。家族の絆も強くなった。そして幸福度が高まったなど。

このように、**付加価値には「ファクト付加価値」と「メンタル付加価値」の2つがある**のです。

2つの付加価値の中で、よく登場するのはファクト付加価値です。

「ダイエットで○kgだったのが○kgになった」「偏差値○が○にアップ！」

この変化は、**数値などの事実**です。

「このダイエットメソッドをやったら、3ヶ月で体重が10kgやせました」

これがファクト付加価値です。

一方、メンタル付加価値は、やせたことで得た感情の変化、喜びなどです。

「10kgやせて、好きな服が着られるようになり、毎日が楽しい」

このファクト付加価値とメンタル付加価値を両方出すと、よりその付加価値が伝わりやすくなります。

しかし、ファクト付加価値だけを伝えて、メンタル付加価値が抜け落ちていることもよくあります。それはとてももったいないと思うんです。なぜなら、人は感情に左右され、感情で選択したり行動することがよくあるから。ファクト付加価値だけでは、人間の感情に響かないことがあるのです。

通販商品の広告は、「ファクト付加価値 × メンタル付加価値」というやり方をガンガン使っていますし、**人を動かすのがうまい人も、この2つの付加価値を上手に活用**しています。

付加価値をつくる技術

体験化

あるアーティストのライブに行ったときのことです。ロック系のノリのいい曲が人気のアーティストで、大きな会場は熱気にあふれていました。

実はこのアーティストの曲を僕はほとんど聴いたことがなく、このときも友人に誘われて興味本位でのライブ参加でした。

ライブ会場で、友人がそのアーティストのオリジナルペンライトを貸してくれました。

「このペンライトを使うとライブで一体感が味わえるよ」

その意味が、ライブが始まるとよくわかりました。

曲に合わせてペンライトの色を変えたり、振り方を変えて、観客がライブを全身で楽しんでいたのです。ペンライトはそのための大切なツールでした。

はじめてのアーティストでしたが、このペンライトがあったおかげで、僕も疎外感や置いてけぼり感はなく、ライブを心の底から楽しむことができました！

このペンライト、まさにライブの付加価値を高めてくれるツールでした。

ライブの魅力は何といってもその体験価値です。ライブそのものがすでに高付加価値な存在ですが、さらにその体験価値を高めてくれるツールがあることで、付加価値が積み重なります。

スポーツの試合で、応援するチームのタオルを振ることも、ペンライトと同じ効果があります。これも試合の体験価値を高めてくれるツールです。

僕もよくスポーツ観戦にスタジアムや球場に行きますが、そのときにタオルを持っていくことで、より試合を楽しめている実感があります（サッカーの試合で応援しているチームが得点すると、タオルをブンブン回しています）。

このような**「体験化」**は付加価値になります。**体験することで、その対象への解像度が上がります。**

ジェットコースターの魅力を言葉でいくら伝えるよりも、一度体験してもらったほうが伝わりますよね。おいしい料理も、言葉より、ひと口食べてみるほうがそのおいしさを実感できます。

人間の脳は、未体験のことに対する解像度と、体験したことの解像度を比べると、体験したことのほうが解像度は高くなります。

体験したことへの価値を自分で見出せれば、興味が強まり、好きが生まれます。それが結果、商品の購入につながったりリピートを生んだり、ファンをつくることにつながっていくのです。

スーパーに試食コーナーがあるのは、体験価値をわかっているからです。試食には他にも「返報性の法則」などの効果もあり、昔からあるやり方ですが、有用な方法です。
他にも化粧品は昔から「体験化」を活用した販売方法をとっていますし、「体験化」は広く活用されている手法です。

体験価値を高めるツールでおもしろいと思ったのが、北海道釧路市の市場でやっている**「勝手丼」**です。
勝手丼とは、最初に白ごはんを購入し、後は市場を回りながら自分の好きなようにごはんにのせる魚を選んでいく仕組みになっていて、今は釧路の市場以外でもやられています。

ポイントは、白ごはん。これが先ほどのライブのときのペンライトと同じ効果を発揮しています。
この**白ごはんがツール**となり、その上にいろいろな魚をのせたいという気持ちを高めてくれます。体験価値を高める白ごはんです。

このように「体験価値を高めるツール」は、体験そのものを促してくれる強力な武器になります。

携帯電話がまだ一般的ではなかった時代に、普及のために無料で携帯電話を配っていたこともありましたが、これも体験価値を促すためでした。

体験化は数多く使われている方法ですが、ポイントは体験することで認知の解像度が上がり、イメージがハッキリするところです。

人は「イメージがハッキリしないことを選択しにくい」という特性があります。

体験化でイメージを明確にする。これも付加価値をつくるうえで大切です。

付加価値をつくる技術

まとめる法

僕は言語化好きです。

20代のころは雑誌の編集をしていました。

当時は仕事の経験もまだ浅かったので、周りから教えてもらったことや、本などを読んで得た知識をどうにか自分のものにしたくて、知り得たことをノートに書きためて「マイマニュアル」をつくっていました。

その後も、自分の仕事をできる限り言語化するようにして「マイマニュアル」としてまとめることを長年続けていました。

マイマニュアルの中に書かれていることは、何か新しい気づきだけでなく、仕事で大切な原理原則だったり、自分の失敗や成功などの経験から導き出されたものだったりします。

僕がマイマニュアルをつくっているという話を人にすると、「それを読んでみたい」という声を多くの人からもらいました。そうこうしているうちに、マイマニュアルの内容をまとめて本にする機会をもらいました。それが僕の1冊目の本『パン屋ではおにぎりを売れ』です。

小さなことをまとめ続けたことで、付加価値が生まれました。

その付加価値が、自分の本を出版する機会をつくってくれたのです。

ここでの**ポイントは「まとめる」ということ**です。

まとめると、それだけで付加価値を生むことができるのです。これを**「まとめる法」**と呼んでいます。

たとえば、人気のガチャガチャ（カプセルトイ）。

今や商業施設に、駅の通路に、空港に、さまざまな場所で目にするほど人気です。省スペースかつ無人での販売ができるため、事業者にとっても高コスパなこともあり、拡大を続けています。

このガチャガチャに入っている商品ですが、かなりの変わり種も多いですよね。バスの押しボタン。お菓子のグミを模したもの。何でもミニチュア化して、コンプリート欲をかきたてます。

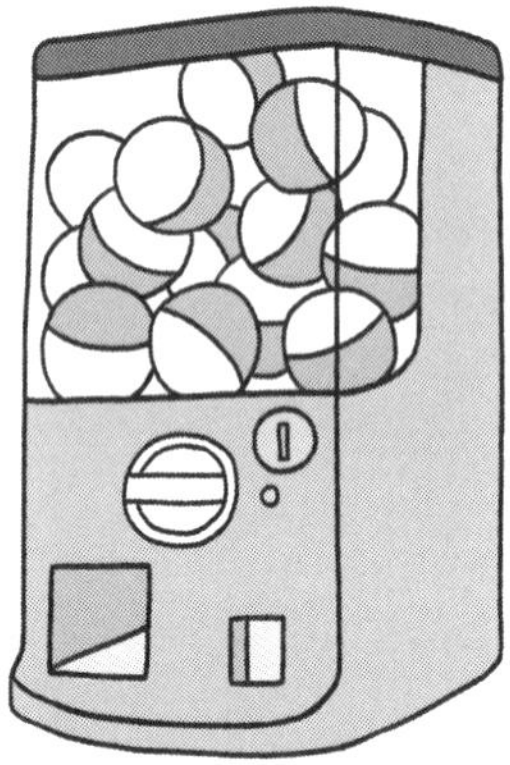

まとめる法

ガチャガチャのポイントはあの入れ物に入っていることです。

自分でお金を入れて回す行為。どの商品が出てくるかわからないワクワク。狙っていたものがゲットできたときの感動。

こういったプロセスが、「欲しい」を生み出します。

もしあれらの商品が、普通にお店に並んでいるだけだったら、そこまで人気になっていたでしょうか？

ガチャガチャとして、あのボックスの中に「まとめる」ことで付加価値が生み出されているのです。まさに、まとめる法ですね。

ラーメン屋がまとまっているエリアは「ラーメンの町」になります。

アメリカのIT企業が集まっているエリアは「シリコンバレー」と呼ばれています。これもまとめる法です。

飲み屋が集まる横丁も、大学が集まる学園都市も、まとめることで付加価値が生まれています。

ゆるキャラも、フェスも、「まとめる」から生まれています。

では、**なぜまとめると付加価値が生まれるのでしょうか？**

その答えは、僕が学生時代に授業のノートを借りていた話にありました。

僕は大学時代、授業にあまり出ておらず、テスト前になると授業にちゃんと出ていた知人に頼んでノートを借りていました。そのノートをコピーして、インプットしてテストに臨むのですが、知人のノートは、僕のような授業に出ていない人にもわかりやすくまとめられていて、おかげで留年をせずに大学を卒業できました。

知人のノートは「まとめるという編集」が行われていました。

たとえば、こういうところ。

①ノートに書かれていたのは授業の板書ではなく、授業で聞いた内容を知人の頭の中で整理しながら体系化されたものでした。たぶん、授業が終わった後に復習でまとめ直しをしていたのだと思います。

②整理された内容に、さらにわかりやすく「ここがポイント」などと書かれていました。

③知人が不要だと思った箇所は、たぶんノートには書かず削られていました。

④後で自分が読み返したときにわからなくならないように、とにかくわかりや

すく書かれていました。

これらはまさに「編集の技法」です。

①は情報の「整理」「体系化」をしています。
②は情報の「付加価値化」をしています。
③も情報の「整理」です。（＝不要価値の削除）
④は情報の「見える化」です。

①～④のプロセスを経てまとめたことで、整理され、体系化され、見える化され、全体が高付加価値化されたのです。

まとめる法は、ひとつひとつの要素が弱かったり、小さかったり、目立たなかったりするものでも、**数でまとめ、編集し、付加価値化することで魅力を生むことができる**のです。

付加価値をつくる技術

損して得取れ法

僕はスポーツを生観戦するのが好きなのですが（しつこく出てきてすみません）、何で自分はわざわざ遠くの会場まで出かけて行くのか、考えたことがあります。

テレビや動画メディアで試合を観ることもできるのに、なぜわざわざ会場に足を運び、生で観戦するのでしょうか？

何ならテレビや動画のほうが、試合そのものは観やすいこともあります。

この謎を解くヒントが、ヨーロッパのサッカーチームにありました。

サッカーで熱狂を生む「0円の付加価値」

ヨーロッパにあるプロサッカーチームの中に、スタジアムの客席を一部無料にしているチームがあるそうです。

プロチームなので収益は大切ですし、観戦チケット代は貴重な収入源のはず。なのに、無料とはどういうことなのでしょうか。

これは**体験化を活用した付加価値を高める作戦**だったようです。

なぜ無料席をつくるかというと、そこを大声で応援するコアなファンで満員にすることで、臨場感を高めるため。**そうしたほうが、お金を払って生で観戦しているお客さんも楽しめる**からという話を聞いたことがあります。

コロナ禍でさまざまなスポーツが無観客で試合をしましたが、あれは味気なかったですよね。

それに比べて、熱狂的ファンが声を出して応援しているスタジアムはとにかく盛り上がります。

スタジアムの臨場感を増し、体験価値の高い試合にするために、一部の席を無料にする。

「体験化」をさせるために0円の席を用意する。

この方法を僕は **「損して得取れ法」** と呼んでいます。これも付加価値をつくる技術のひとつです。

実際にこの付加価値づくりの手法もさまざまな場で使われています。

たとえば商業施設。

話題になっている大型商業施設に行ったときの話です。

その施設は、多くの人が集まる一等地にありました。

この商業施設に入り、中をブラブラしていると、あるフロアで違和感を覚えました。

そのフロアにはお店があまりなく、メインは休憩スペースだったのです。

それもただイスやテーブルがあるというのではなく、たくさんの植物が植えられており、心を躍らせるようなオブジェも置かれていて、気持ちよく楽しく過ごせるような工夫がスペース全体にされていました。

普通に考えると、このスペースにもお店を出せば売り上げにつながりそうなものですが、この施設ではフリーの休憩スペースです。

なぜ、こんなムダなことをするのでしょうか？

それは、**来店価値を高めるため**なのではないでしょうか。

「そんな素敵な場所があって、しかも無料で過ごせるのなら、この施設にちょっと行ってみよう」という来店動機をつくり、そのついでにお店に寄ってもらう。

または、ちょくちょく施設に寄ってもらい、ファンになってもらう。


目先の売り上げではない付加価値をつくり、それを将来の売り上げにもつなげる。


先ほど「体験化」のところで紹介した携帯電話を普及させるための施策も、「損して得取れ法」です。

視点を変えることで、結果的には利益を得ることができるのです。

「先難後獲《せんなんこうかく》」という言葉があります。難しいことを先に行って、利益になることは後回しにするという意味です。

「損して得取れ」とは同じ意味ではありませんが、目先の利益にとらわれるのではなく、もっと俯瞰してみたり、時間軸を未来に向けてみたりすることで、結果的に利益を得るというのが、「損して得取れ法」の狙いです。

「何かを得たければ先に与える」という考え方には、さまざまな利点がありま す。

「信頼感を生むことにつながる」「返報性の原理が働きやすくなる」「コミュニケーションがスムーズになりやすい」「強みにつながる」「ポジティブなイメージをつくることができる」……、挙げたらキリがないくらいに、数多くの利点があるのです。

多くのサービスが無料からスタートして、その後ろに有料化したサービスを用意していますが、これも「損して得取れ法」のひとつです。無料で「体験化」をしてもらい、サービスの実感をしてもらうことで、有料サービスに入ってもらうように導いていきます。

共にギブできることはないのかから、付加価値を考えていくこともできるのです。

付加価値をつくる技術

不なくし

「競合各社と比べて我が社の商品力は弱い」「自社のサービスの値段が高くて、競合に勝てない」、こういうお悩みの声を聞くことがあります。

この4つの要素で、競合商品やサービスに負けているという話です。

マーケティングの世界でよく言われる4P

- Product（商品、サービス）
- Price（価格）
- Place（流通）
- Promotion（販促）

この４Ｐは商品やサービスを提供する側の視点、いわゆるプロダクトアウト視点です。

でも、これをお客さん側の視点にずらすとどうでしょうか？

マーケティングの世界で言われるマーケットインの視点です。こちらは４Ｐではなく４Cと言われています。

マーケティングの世界でよく言われる4C

- Customer Value（顧客価値）
- Customer Cost（顧客にとってのコスト）
- Convenience（顧客にとっての利便性）
- Communication（顧客とのコミュニケーション）

商品やサービスのところは顧客価値になっています。

これは言いかえれば、**顧客価値力が何より大切**という視点です。

「競合各社と比べて我が社の商品力は弱い」と思っているならば、この視点のチェンジをしてみてください。

サービスで顧客価値力を上げるには？

東京都町田市にある「でんかのヤマグチ」は、他店より高いのに28期連続の黒字経営をしていて、メディアでもよく取り上げられています。

電化製品を販売するお店ですが、周辺には大手の家電量販店も多数あり、競合がひしめいています。

価格や品揃えでは、なかなか大型家電量販店には太刀打ちできません。

そこで、でんかのヤマグチがとった手、それが**「お客さんに徹底的にサービスをする」**ということでした。

なんと機械が苦手な高齢のお客さんのために、韓流ドラマの録画予約をしに毎週うかがったり、留守中に郵便物を受け取ってあげたりと、すごいサービスです。

山口勉社長は**「かゆいところをかいてあげるのは当たり前、かゆくなる前にかいてあげるのがウチのサービス」**とインタビューでコメントしていて、言ってみればお客さんはでんかのヤマグチのファンになっている状態だそうです。(※17)

売っている商品そのものは同じでも、サービスが違う。そのサービスは常識の範囲を超えた「徹底的なサービス」。これが売り物になっているのです。

これぞまさに付加価値。付加価値の定義は「想定外の価値」とお伝えしましたが、でんかのヤマグチのサービスは想定以上のものですよね。

お客さんの「不」を徹底的に解消することが、でんかのヤマグチの顧客価値です。

こうした「不」をなくすことを考えることを僕は**「不なくし」**と呼んでいます。

「不なくし」で大切なのは、お客さんの「不」を発見することです。

とはいえ、多くの商品やサービスがお客さんの「不」を解決することを考えているので、想定内の「不」の解決では、そこまでの魅力にはなりません。

ポイントは、お客さんにとっての想定外の「不」を解決できるかどうかです。

でんかのヤマグチが多くのお客さんに支持されているのは、まさに「想定外」のサービスだから。徹底してお客さんの「不」をなくすという「徹底ぶり」が付加価値になるのです。

電化製品を売る　↓　お客さんの「不」を徹底して解消する

Product（商品、サービス）で戦うのではなく、徹底してCustomer Value（顧客価値）で戦う。

これもまさしく付加価値化です。

「不」を発見したら、付加価値づくりのチャンスととらえよう

付加価値をつくる技術

主従逆転法

以前、名古屋の喫茶店のモーニングを取材したことがあります。

名古屋に限らず、愛知県のモーニングカルチャーには驚かされます。

知らない人のために説明をすると、愛知県の多くの喫茶店で朝にコーヒーを頼むと、コーヒー代だけでおまけにいろいろなものがついてくるのです。

このサービスのことをモーニングと呼びます。

ついてくるものはお店によって変わります。パン、卵、サラダ、ヨーグルトなどは普通で、すごいところだと、スープ、コロッケ、フルーツやあんみつ、お団子などのデザートがついてきて、何を注文したかわからなくなるほどです。

このモーニング文化が、愛知の喫茶店の特徴になっています。

愛知のモーニングは、何を売っている?

僕が注目したいのは、愛知には個人経営の喫茶店が多いということです。他のエリアでは個人経営の喫茶店は減っていて、大手チェーンの喫茶店(カフェ)が増えています。

なぜ愛知県では、今や経営が難しい喫茶店が残っているのでしょうか?

理由は、「何を売っているのか」の定義にあるのではないかと思います。

普通に考えると、喫茶店の売り物は、コーヒーや飲み物、食事です。

でも、愛知の喫茶店の売り物はちょっと違います。

以前、愛知の喫茶店を取材したときにこんなことを教えてもらいました。

「愛知の喫茶店は、自分の家のダイニングやリビング代わりです。だから多くの人が、マイ喫茶店を何軒か持っているんです」

なるほど。**スタバのコンセプトはサードプレイスですが、愛知の喫茶店は自宅代わりなので、言ってみれば2・5プレイスです。**

ここに愛知の喫茶店独自の付加価値があります。

お店からしたら、毎日のように来てくれるわけですから、**感覚的にはサブスク**です。なので、目の前の1回1回での売り上げや利益とは違う視点で商売を考えますよね。

しょっちゅう来てくれる人にはサービスしたい。そんな思いが、モーニングを生み出す源にあるんじゃないでしょうか（周りがどんどん過剰モーニングになっていくのを意識してという側面もあるかもしれないですが）。

付加価値を考えるときに大切なのは、「誰にとっての付加価値か」という点です。

愛知のモーニングは今や全国的にも知れ渡ったおかげで、我が家のダイニング、リビングとして利用する以外のお客さんが増えた店もあると思いますが、定期的に付加価値の再確認をすることで、**自分たちが何を誰に提供するのか**、あらためて再認識できるんじゃないでしょうか。

主従逆転だからこそ、驚きがある

ちなみに、愛知のモーニングの付加価値化は、**「主従逆転法」**が使われています。

愛知のモーニングに注目が集まったのは、「コーヒーを頼んだだけなのに、こんなにいろいろついてくる」という点です。

これがもし、いろいろついてくるものが主で、それを頼むとコーヒーもサービスでついてくる、というモーニングセットだったらどうでしょうか。

安くてお得な感じはしますが、愛知のモーニングのようには広がらなかったんじゃないでしょうか。

主従が逆転していることで、サプライズが生まれ、それが魅力になっているのです。

この主従逆転法を使って、僕らも大きなヒットを生むことができました。

『聞くだけで自律神経が整うCDブック』（※18）という本がそれです。

この本は、シリーズで100万部を超えるヒットとなりました。

この企画を考える際に、主従逆転法を活用したのです。

この本は自律神経を整える効果がある音楽をCDとしてつけていますが、本の付録としてCDをつけたわけではありません。

音楽CDがメインの商品で、その付録として本がついている、というイメージで企画をしました。

主↓本　従↓音楽CD　ではなく
主↓音楽CD　従↓本　としたのです。

そのために、パッケージを意識し、本が中心の書店で音楽CDを売るイメージで制作しました。

結果、大ヒットにつながり、類似商品が他社からも多数刊行されました。

この主従逆転という視点は、日常のこんなところにもありました。

「うちの子がこの間買ったレインコートを着たくてしょうがなかったから、雨の日に出かける予定はなかったのに、レインコートを着るために出かけた」

こんな話を聞いたのですが、これも素敵な主従逆転ですよね。

主従逆転で新たな付加価値をつくっているメーカーもあります。

たとえば、**チロルチョコは「オリジナル」で付加価値を生み出しています。**

商品にオリジナルの画像や名前などを入れることは、Tシャツやタオル、手帳や革製品などでは以前からよく行われているサービスです。

このサービスを取り入れて、販路を拡大しているのがチロルチョコです。

プレゼント用に相手の名前を入れて贈り物にすることもできますし、イベントの際の記念品にしたり、推し活の一環として、推しの名前のチョコをつくって配りあったりして楽しんでいる人もいるようです。

さらに、チョコを食べた後に、外の包みを再利用するためにチロルチョコと同じサイズの包んで使用できるマグネットまで売られています。

これはまさに、**パッケージを付加価値にした主従逆転の発想**です。

iPhoneも主従逆転から生まれたとも言えます。

以前は、パソコンはデスクの上で使うものでした。インターネットにつなぐ

には パソコンを使うのが普通だったので、人はパソコンの置かれたデスクに向かってネットに接続していました。

しかし、iPhoneの登場によって、デスク以外の場所でもネットに自由につながることができるようになりました。

人が合わせるのではなく、人に合わせて使えるようになる。機械に人が合わせるのではなく、人に機械が合わせてくれる。これも主従逆転です。

ちなみに、この本の原稿を集中して書きたかったので、そのために新幹線に5時間近く乗って遠方に行き、新幹線内で缶詰めになって執筆するということをしました。

おかげで集中して原稿を書くことができたのですが、これも主従逆転の発想です。

付加価値をつくる技術

選択肢プラスの法則

愛知の喫茶店は2・5プレイスかもしれないと書きましたが、スターバックスは、自分たちのお店をサードプレイスと位置づけ、支持を得ています。サードプレイスの話は104ページでも紹介しました。

サードプレイスという呼び方、いいですよね。オフィスでもない、自宅でもない、自分がリラックスできる場所。それがサードプレイス。

ストーリーとネーミングが秀逸です。

これがもし、「寄り道スペース」とか「お気に入りスポット」みたいな呼び名だったら、きっとこんなに広がることはなかったでしょう。

それくらい、**サードプレイスは秀逸なネーミング**です。

ちなみに、サードプレイスのような場所は、スターバックス以前にもありました。たとえば、**スナックはサードプレイス**です。ただ、サードプレイスというような伝え方はされていませんでした。

サードプレイスという新しい選択肢

サードプレイスという考え方を提唱したのは、アメリカの社会学者レイ・オルデンバーグです。ファーストプレイスを生活拠点。セカンドプレイスを仕事や学業の拠点。そしてサードプレイスを日々の煩わしさやストレスなどから解放される場所で、人と交流ができたり、コミュニティの拠点になる場所と定義しています。

この定義によれば、カフェだけでなく、ジムや公園、図書館などもサードプ

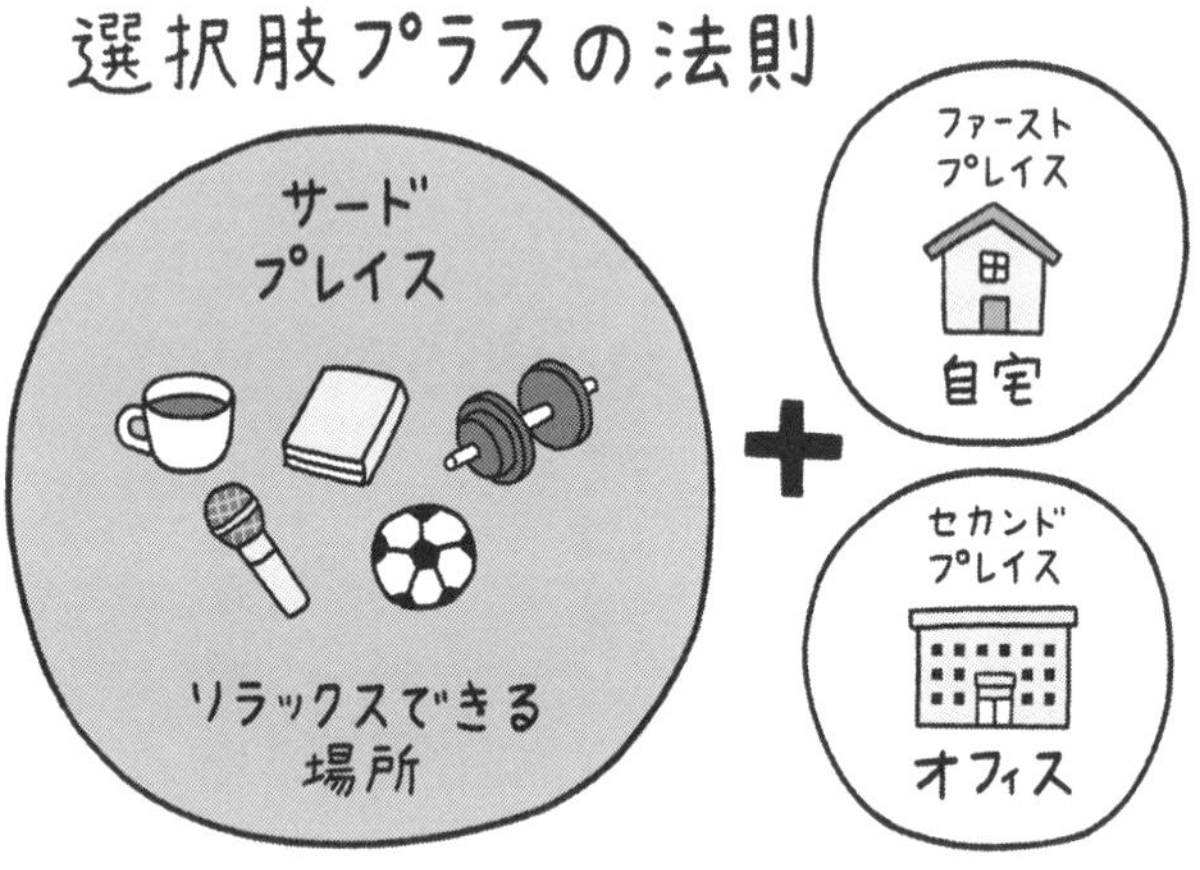

レイスです。

サードプレイスという概念は、暮らしに付加価値をつくってくれます。

付加価値は、新しいものをつくるだけでなく、すでにあるものに価値を与えることでもつくれます。**付加価値の言語化が、認識を生む**のです。

そのときに使える型のひとつが「新しい選択肢」の提供です。

これを**「選択肢プラスの法則」**と呼んでいます。

食の世界ではフードテックが起きていて、数々の新しい選択肢が提供されています。

Beyond Meatもそのひとつです。

Beyond Meatとは植物由来の代替肉です。動物性食品を避けたい人や環境問題に関心の高い人に向けて、新しい選択肢として提案された食品で、世界的にもかなり広まっています。

スーパーなどでも普通に目にするようになりました。

それまでであれば、（動物性の）肉を食べるか、食べないか、という2択しかありませんでした。

でも、**Beyond Meatが第3の選択肢として登場したのです。**

そして、「お肉は食べたいけれど、動物性は避けたい」、というマインドに刺さったわけです。

新しい選択肢を提案するときに大切なのは、その「ネーミング」と「伝え方」です。

中味がいくら素晴らしくても、ネーミングや伝え方が悪いとその付加価値はなかなか届きません。

Ａｉｒｂｎｂ（通称エアビー）やＵｂｅｒなども、ホテルやタクシーに代わる新しい選択肢を提供して広まっています。

Ａｉｒｂｎｂは個人が自宅などを民泊場所として提供することで、旅行者はホテル以外の選択肢を持つことができるようになりました。

Ｕｂｅｒも、日本ではまだ全国的には認められていませんが、アメリカなどではタクシーに代わる手ごろな配車サービスとして、浸透しています。

ファストファッションも、新しい選択肢を提供することで人気を得ましたし、こうやって例を挙げればキリがないほど、「新しい選択肢の提供」は付加価値を生み出しているのです。

付加価値をつくる技術

マルチ付加価値化

生活習慣病になった知人が、こんなことを言っていました。

「病院に行くと、医師から毎日歩けと言われるんだけど、なかなか毎日歩くのは大変。でも、血糖値をコントロールするためには歩くのがいいんだよね」

毎日歩くことが大切ということは、よく言われています。

一方で、80歳を超えた知人は、こんなことを医師から言われたそうです。

「歩くことは、認知症予防に効果があるから、毎日歩くように」

どちらも「歩くことの付加価値」です。

「歩くとやせますよ、スタイルがよくなりますよ」↓ダイエッターに
「歩くと血糖値のコントロールにいいですよ」↓健康が気になる人に
「歩くと認知症対策になりますよ」↓高齢者に
「歩くといいアイデアが浮かびますよ」↓ビジネスパーソンに

「歩くことの付加価値」はマルチに存在しています。

マルチ付加価値化

こうやって**物事の魅力を多方面に展開**していけば、さまざまな人に届くメリットを見つけやすくなります。付加価値をつくるのがうまい人は、こうやってどんな人でも歩かせることができるのかもしれません。

このように、多方面に視点を向けて付

加価値をつくることを**「マルチ付加価値化」**と呼んでいます。

マルチ付加価値化をうまく活用しているのがテレビの通販ＣＭです。商品の魅力をさまざまな視点で伝える手法で、商品への関心を高めていきます。**テレビ通販の場合、マルチ付加価値化に、さらに繰り返しをかけあわせてくる**ので、見ている人はどんどん商品への印象が深くなっていく仕掛けになっています。

使い勝手、開発秘話、効果・効能、ビフォーアフター、さらにその後のアフター（ビフォーアフターアフター）、価格、おまけ……、マルチな視点で、見る側を攻めてきます。

この本でここまで紹介してきたさまざまな付加価値をつくる技術を活用して、たくさんの付加価値を、それこそこれでもかと重ねていきます。

こうしたマルチ付加価値化は、**何か強烈な個性を持っていない商品やサー**

ビス、既存価値から抜け出せないでいる商品やサービスの新たな魅力を発掘することができる方法です。小さな付加価値でも数が集まれば高付加価値に変わっていくのです。

マルチ付加価値化を考えるときに、**僕がイメージするのは「十徳ナイフ」**です。

十徳ナイフ、ご存じでしょうか？

ナイフの刃以外にさまざまなツールが一緒になっている折り畳みナイフです。はさみ、のこぎり、やすり、ドライバー、栓抜き、オープナー、缶切りなど、ついているものは多種多用です。

1本でマルチな使い勝手を提供していて、アウトドアシーンなどで使われています。

自分が扱う商品やサービスの魅力を全方位から考えてみる。

数多くの付加価値を蓄積することで、大きな魅力をつくり出します。

付加価値をつくる技術

かけあわせ法

定食屋付きアパートとして、高い付加価値を生んでいる物件があります。
神奈川県相模原市にある「トーコーキッチン」は、アパートの入居者専用の食堂で、部屋のカードキーで扉が開くというシステム。
不動産管理会社である東郊住宅社が管理する物件に住む人だけが利用できる定食屋さんです。
トーコーキッチンのあるエリアは大学が複数あり、ひとり暮らしの学生も多いエリア。この食堂が誕生した背景には、「学生の親御さんからの食事サービスへの需要が高まっていたことが大きかった」そうです。（※19）

大学生の息子や娘たちが住む場所に健康管理までしてくれる定食屋がついていたら、それはすごい付加価値です。東郊住宅社が管理する1800室は空きがほぼなく、人気の物件になっているそうです。

この定食屋付きアパートという発想、かけあわせによって生まれています。

アパート × 定食屋

こうした**かけあわせによって、新しい付加価値が多数生まれています。**

- カレー × パン ＝ カレーパン
- 時計 × デバイス ＝ スマートウォッチ
- 掃除機 × ロボット ＝ ロボット掃除機
- アウトドア × 快適な宿泊 ＝ グランピング
- VR × 旅行 ＝ VR観光

かけあわせは、単に組み合わせるだけではありません。**それぞれが持っている魅力を混ぜることで、新しい付加価値を生み出すことができる**のです。

これまでに出合ったことがない商品（サービス）と何かをかけあわせることで、まったく新しい付加価値が生まれる可能性があります。

【かけあわせの例】

- 生クリーム×自動販売機＝生クリーム缶
- パン×健康＝低糖質パン
- お菓子×おみくじ＝フォーチュンクッキー
- 病院×ネット＝オンライン診療
- 美容×手抜き＝オールインワン化粧水
- 傘×持ち運び＝折り畳み傘
- 水筒×汁物＝スープジャー
- ペット×保険＝ペット保険
- 花×記念＝プリザーブドフラワー
- ラップ×環境保全＝シリコンラップ
- 電気×省エネ＝人感センサー
- 読書×ながら＝オーディオブック
- モバイルバッテリー×共有＝スマホ充電レンタル
- スニーカー×脱ぎ履きのしやすさ＝結ばない靴ひも

いろいろなかけあわせ方があり、かけあわせる数も、2つだけなく、3つ、4つと増やすことも可能です。

かけあわせは、思考の練習（僕はシコレンと呼んでいます）にもってこいです。

「1日1かけあわせ」など目標を決めて、かけあわせをし続けていると、意外な組み合わせを発見できることがあると思います。

シコレン用のかけあわせであれば、かけあわせるものは何でもOKです。

たとえば、目の前に割りばしがあれば、割りばしとかけあわせてみる。

- **割りばし×おみくじ**
- **割りばし×フレンチ**
- **割りばし×ペン**
- **割りばし×孫の手**
- **割りばし×カラフル**
- **割りばし×サスティナブル**

こんな感じで、どんどんかけあわせをしていきます。

A×B
（もしくはA×B×C……）

まずはAを決めて、BやC（ときにはDやE）は自由にさまざまなことをかけあわせてみてください。

Aは今仕事で課題になっていること、これからやってみたいことでもいいと思います。

打ち合わせであれば、ホワイトボードなどを使って、真ん中に主要テーマになるAを書き出し、そのまわりにBを、さらにそのまわりにCを書き出していくと、打ち合わせで新しいアイデアに出合うことができるかもしれません。

ぜひかけあわせで新しい付加価値を発見してください！

コラム

「理念（ミッション）」を既存価値から付加価値に変える

「会社の理念（ミッション）が社員に浸透しない」

そんな話をある企業の経営者から聞きました。

経営理念は言い方は悪いですが、「きれいごとの言葉」になりやすい傾向がありますよね。絵に描いた餅になりがちです。

なぜ経営理念が浸透しないのかを「付加価値」の面から考えてみたいと思います。

経営理念は、抽象的な表現が使われることがよくあります。

抽象度が高いことにはメリットとデメリットがあります。

メリットは、特定のことや目先のことだけでなく、多様な視点から考えることができる点です。また、課題の根本原因など本質にアプローチしやすいとか、不確実なことに対しても柔軟な思考をすることができるなど、いろいろな利点があります。

一方でデメリットは、受け手の「解像度が低くなる可能性がある」という点です。何となくわかったような、わからないような、ぼんやりしたイメージしかできないリスクがあるのです。

そこで大切になるのが、**経営理念の解像度を上げる言語化**です。これは**経営理念の付加価値化**でもあります。

たとえば、スープストックトーキョーが提唱する「世の中の体温をあげる」という理念は、解像度が高くイメージしやすい言葉になっています。社内で新商品や企画について考えるときに、「それは世の中の体温をあげることにつながっているか」という問いを立てやすく、チームメンバーが共有しやすい言葉です。

このように、**経営理念の抽象度が高い場合は、その理念を解像度の高い言葉に置き換えることが必要**なのだと思います。

おわりに――人生に付加価値を

僕には長年ずっと捨てられずにいたTシャツがありました。そのTシャツは中学生のとき、祖母に旅行中に買ってもらったものです。

もう着ることはないのに、40年近くずっと洋服ダンスに入っていました。

なぜこのTシャツを捨てられなかったのか？

それは、自分にとってこのTシャツは付加価値化されたものだったからです。

このTシャツをお店で見たときのことを今でも鮮明に覚えています。

「なんてかっこいいTシャツなんだ！」

それはもうひとめぼれでした。自分がおしゃれに目覚めた瞬間でもありました。

でも、自分で買える値段ではなかったので諦めようとしていたのですが、祖母がそんなに欲しいのならと買ってくれたのです。

おしゃれに芽生えた瞬間×**祖母が買ってくれたという喜び**

この2つのかけあわせが、僕にはスペシャルなものでした。

その後10年ほどは着ていましたが、それ以降はタンスの肥やしに。洋服は定期的に処分していますが、このTシャツだけは捨てられませんでした。

それは思い出という付加価値があったからです。

捨てられない思い出の品を持っている人も多いのではないでしょうか。

捨てられないもののランキングを調査したデータがあります。（※20）

このランキングを見ると、「写真・アルバム」「プレゼントでもらったもの」「手紙・メッセージカード」「子どもの服・制作物」など、思い出の品や人の思いがこもった品が多くランクインしていました。

使っていないものは場所をとるだけだから捨てたほうがいいという考え方もありますが、僕はそうは思いません。自分にとって付加価値があるならば、それはとっておいていいのだと思っています。

捨てるかとっておくかは付加価値を基準に判断する。付加価値ベースです。

付加価値は幸福度にも関係しています。

朝の時間。ゆっくりとコーヒーを淹れていると、心地よい香りも漂ってきます。そんな何気ない時間にとても幸せを感じます。

ごくごく普通の朝。意識を向けなければ時間は淡々と過ぎ去っていく。

でも、普通の中にコーヒーを淹れている音と香りという付加価値があることで、意識が時間に向いていきます。

僕は時間にも付加価値があると思います。

時間の付加価値とは、その時間の「時間価値」が高いということ。

幸福は、自分自身の気づきの中にあります。けれど日々バタバタしていると、幸福に気づかないで時間を過ごしてしまいます。

ちょっとした付加価値が、そこに気づきをもたらしてくれる道具になる。僕にとってコーヒーがそれです。

ここにも付加価値ベースの考えがあります。

この本で紹介した付加価値をつくる技術は、ごく一部の方法です。他にもまだまだ付加価値を生み出す方法は存在します。

ぜひ、付加価値を意識しながら、自分ならではの付加価値をつくる技術を開発していってもらえたらと思います。

付加価値という抽象度の高いテーマを、カジュアル化したいという思いで書き進めてきました。

付加価値ってそういうことだったのか。
自分も付加価値を考えて生きていこう。

そんなことを考えてもらえたらうれしく思います。

この本で書いてきたのは、イノベーションを起こすような付加価値のつくり方ではありません。

自分の仕事に、そして自分自身に、小さくてもいいので付加価値を意識してつくっていくことについて書いてきました。そうすることで、より魅力が増したり、喜びを生み出すことができると思っています。

毎日1ミリでもいいので、小さな付加価値を生み出すことができれば、未来は変化していくはずです。

付加価値をつくることを、自分の武器にしてもらえたらと思っています。

ここまで読んでいただき、ありがとうございました。

心より感謝申し上げます。

柿内尚文

【参考文献・資料】

※1　デジタル大辞泉（小学館）
※2　https://otonanswer.jp/post/7150/2/
※3　デジタル大辞泉（小学館）
※4　『「感動体験」で外食を変える 丸亀製麺を成功させたトリドールの挑戦』
粟田貴也（著）、宣伝会議、2024
※5　1990年代に放送された『キューサイ青汁』のCM
※6　『シャトレーゼは、なぜ「おいしくて安い」のか』
齊藤 寛（著）、CCCメディアハウス、2021
※7　https://toyokeizai.net/articles/-/713249
※8　『「静かな人」の戦略書
――騒がしすぎるこの世界で内向型が静かな力を発揮する法』
ジル・チャン（著）、神崎朗子（翻訳）、ダイヤモンド社、2022
※9　『世界の名言名句 1001』
ロバート・アープ（責任編集）、大野晶子（翻訳）、高橋知子（翻訳）、
寺尾まち子（翻訳）、三省堂、2018
※10　『いかなる時代環境でも利益を出す仕組み』
大山健太郎（著）、日経BP日本経済新聞出版、2024
※11　『今治タオル 奇跡の復活 起死回生のブランド戦略』
佐藤可士和（著）、四国タオル工業組合（著）、朝日新聞出版、2014
※12　http://www.town.ama.shimane.jp/topics/3000-1/post-72.html
※13　『ズラす！思考　新しいアイデアを生み出すヒント』
宇佐美清（著）、あさ出版、2013
※14　『高くてもバカ売れ！なんで？　インフレ時代でも売れる7の鉄則』
川上徹也（著）、SBクリエイティブ、2024
※15　『陰山メソッド　徹底反復「百ます計算」』
陰山英男（著）、小学館、2002
※16　『「のび太」という生きかた』
横山泰行（著）、アスコム、2014
※17　https://business.nikkei.com/article/report/20130304/244460/
※18　『聞くだけで自律神経が整うCDブック』
小林弘幸（著）、大矢たけはる（音楽）、アスコム、2014
※19　『高い家賃なのにいつも満室になる人気物件のつくり方 一芸物件』
井上敬仁（著）、アスコム、2022
※20　https://prtimes.jp/main/html/rd/p/000000001.000113357.html

柿内尚文

（かきうち・たかふみ）

1968年、東京都出身。聖光学院高等学校、慶應義塾大学文学部卒業。読売広告社を経て出版業界に転職。ぶんか社、アスキーを経て現在、株式会社アスコム常務取締役。
長年、雑誌と書籍の編集に携わり、これまで企画した本やムックの累計発行部数は1400万部以上、10万部を超えるベストセラーは60冊以上に及ぶ。現在は本の編集だけでなく、編集という手法を活用した企業のマーケティングや事業構築、商品開発のサポート、セミナーや講演など多岐にわたり活動。著書『パン屋ではおにぎりを売れ』『バナナの魅力を100文字で伝えてください』（共にかんき出版)、『このプリン、いま食べるか？ ガマンするか？』（飛鳥新社）は、累計部数42万部のベストセラーとなっている。趣味はサッカー観戦と歩くこと。

カバーデザイン　bookwall

本文デザイン＋DTP　本橋雅文（orangebird）

イラスト　かんのあや

編集協力　出雲安見子

このオムライスに、付加価値をつけてください

2025年2月27日 第1刷発行
2025年7月18日 第7刷

著　者｜柿内尚文
発行者｜加藤裕樹
編　集｜碇 耕一
発行所｜株式会社ポプラ社
〒141-8210
東京都品川区西五反田3-5-8
JR目黒MARCビル12階
一般書ホームページ
www.webasta.jp
印刷・製本｜中央精版印刷株式会社

N.D.C.335/351P/19cm　ISBN978-4-591-18516-2

P8008488